# PAUL MAHALIN

# La Reine des Gueux

DRAME EN CINQ ACTES ET ONZE TABLEAUX

PARIS

MONTGREDIEN ET C<sup>ie</sup>

LIBRAIRIE ILLUSTRÉE

8, RUE SAINT-JOSEPH, 8

Tous droits réservés.

# LA REINE DES GUEUX

## DRAME EN CINQ ACTES ET ONZE TABLEAUX

*Représenté pour la première fois à Paris, sur le théâtre
de Belleville, le dimanche 7 mars 1897.*

Direction : Edouard HOLACHER.

EMILE COLIN — IMPRIMERIE DE LAGNY

PAUL MAHALIN

---

# LA
# REINE DES GUEUX

DRAME EN CINQ ACTES ET ONZE TABLEAUX

---

PARIS

MONTGREDIEN ET Cⁱᵉ

LIBRAIRIE ILLUSTRÉE

8, RUE SAINT-JOSEPH, 8

—

Tous droits réservés.

A

# ÉDOUARD HOLACHER

*Cordiale gratitude.*

PAUL MAHALIN.

# PERSONNAGES

JACQUES CALLOT. . . . . . . . . . . MM. Franck-Morel.
CHRISTIAN DE SIERK, baron de Ténestrange. . . . . . . . . . . . . . . Thibery.
YANOZ. . . . . . . . . . . . . . . . Anglo.
PHARAM. . . . . . . . . . . . . . . Crutel.
TROPHIME MIRASSOU (Franca-trippa). . . . . . . . . . . . . . Arduini.
ANGE-BÉNIGNE CAUDEBEC (Fritel-lino). . . . . . . . . . . . . . . Brécourt.
RICHELIEU . . . . . . . . . . . . . Rumeau.
LOUIS XIII . . . . . . . . . . . . . Duratour.
GASTON, duc d'Anjou. — Monsieur, frère du roi . . . . . . . . . . . . Lucien.
ROCHEFORT. . . . . . . . . . . . . Pamart.
FABERT . . . . . . . . . . . . . . Veylet.
BASSOMPIERRE. . . . . . . . . . . Godin.
CHALAIS. . . . . . . . . . . . . . Brizard.
MARCILLAC . . . . . . . . . . . . . Charlys.
DE BEAUFORT. . . . . . . . . . . . Brimont.
GORBAS. . . . . . . . . . . . . . . Brachet.
GARGAJAL. . . . . . . . . . . . . . Vernier.
LE DOCTEUR . . . . . . . . . . . . V. André.
TARTAGLIA . . . . . . . . . . . . . Grélé.
CHERET. . . . . . . . . . . . . . . Victor.
PREMIER BOHÉMIEN . . . . . . . Lelièvre.
DEUXIEME BOHÉMIEN. . . . . . . Meunier.
DIAMANTE. . . . . . . . . . . . . Mmes Barbiéri.
DJABEL. . . . . . . . . . . . . . . Morelli.
FRANCISQUINE . . . . . . . . . . Leblanc.
ANNE D'AUTRICHE . . . . . . . . Mallet.
DUCHESSE DE CHEVREUSE. . . . Dalbert.
WIARDA. . . . . . . . . . . . . . . Lepreux.
BAISSA . . . . . . . . . . . . . . . Delbe.
MADAME DE LANNOY. . . . . . . Doinel.
PREMIÈRE DAME . . . . . . . . . Amaury.
DEUXIEME DAME . . . . . . . . . Comte.

Bohémiens et Bohémiennes, Paysans et Paysannes, Seigneurs et Dames, Pages, Valets, Mousquetaires, Gardes Suisses, etc.

1620-1625

Le premier acte dans l'Apennin; le second, près de Florence; les trois autres, à Saint-Germain et aux environs.

# LA REINE DES GUEUX

## ACTE PREMIER

### PREMIER TABLEAU

#### LES BOHÉMIENS

Une halte de gitanos dans une gorge de l'Apennin. Site sauvage éclairé par la lune. Au fond, montagnes praticables. A gauche, au troisième plan, un énorme quartier de roc surplombant la scène à hauteur d'homme et sous lequel s'ouvre une grotte. On accède à cette sorte de plateau par une rampe qui aboutit au premier plan. Sur ce plateau, un bouquet de sapins. A droite, au troisième plan, une tente fermée. Derrière celle-ci, un ravin qui coupe dans sa largeur une partie du théâtre. Au premier plan, un feu. D'autres au fond.

### SCÈNE PREMIÈRE

PHARAM, YANOZ, GARGAJAL, BAISSA, Le Docteur, GORBAS, WIARDA, DJABEL, Bohémiens, Bohémiennes, Enfants. *Au lever du rideau, Pharam est assis sur une pierre, à l'extrême gauche, premier plan. Il paraît enseveli dans ses réflexions. Gargajal, Baïssa, le Docteur, Gorbas et Wiarda sont accroupis autour du feu de droite. Les autres bohémiens — des deux sexes — entourent les feux allumés au fond. Dans un groupe, Yanoz. Dans un autre, Djabel.*

LE DOCTEUR

Oui, mes frères, je vous le dis, en vérité, les saines traditions s'effacent, les bonnes mœurs se relâchent, les antiques coutumes se perdent...

BAÏSSA, *vieille bohémienne, gémissant.*

Où allons-nous, Seigneur, où allons-nous ?

LE DOCTEUR

Je maintiens que, si nous n'y mettons ordre, on nous obligera bientôt à nous reposer dans un lit, à habiter sous un toit, à respecter le bien d'autrui...

WIARDA, *autre mégère, protestant.*

Jamais !

BAÏSSA

Allons donc !

GORBAS

Impossible !

GARGAJAL

Personne de nous ne le souffrira.

YANOZ, *qui s'est détaché de l'un des groupes du fond pour descendre et pour écouter.*

Holà ! vénérables crécelles, vous faites bien du bruit, ce me semble : à qui en ont vos radoteuses seigneuries ?

LE DOCTEUR, *se levant et allant à Yanoz.*

Tu nous le demandes, fils de Pharam ? Comme si ce pouvait être à une autre que celle que vous soutenez sans cesse, toi et ton père, parce qu'elle vous tient au cœur par la chair et le sang !

YANOZ

Vous voulez parler de Diamante ?... Cornes du diable ! manquez-vous donc de quelque chose sous son règne ?... Vos poches sonnent-elles le creux ? Vos flacons tintent-ils le vide ? Votre ventre hurle-t-il misère ?... Non : vos marmites sont si pleines que le contenu en soulève le couvercle...

GARGAJAL, *imitant le docteur et passant entre celui-ci et Yanoz.*

C'est vrai ; mais vous êtes-vous seulement demandé de quelle façon nous nous le sommes procuré, le contenu de ces marmites ?

YANOZ

Peu m'importe.

GARGAJAL, *appuyant.*

De la façon la plus saugrenue, la plus exorbitante, la plus invraisemblable...

YANOZ

Comment ?...

GARGAJAL

Je vous le donne en dix... Je vous le donne en cent... Je vous le donne en mille...

YANOZ

Mais encore...

GARGAJAL

Eh bien, ces victuailles, nous nous les sommes procurées... *en les payant !*

LES AUTRES, *avec horreur.*

Oh !

GARGAJAL

Acheter quand il est si facile de prendre !... Pouah ! le

rouge m'en monte aux bajoues, et je m'en sens offensé dans toutes mes pudeurs !

YANOZ

Que voulez-vous ? Diamante l'entend ainsi. C'est la reine.

PHARAM, *levant la tête et appelant.*

Yanoz !

YANOZ, *allant à lui.*

Que désire mon père ? (*Gargajal et le Docteur vont reprendre leurs places auprès du feu.*)

PHARAM

J'attends ici quelqu'un : un homme avec lequel j'ai besoin de m'entretenir seul à seul...

YANOZ

Un homme de notre race ? (*Silence de Pharam.*) Un chrétien ? *Nouveau silence.* Serait-ce, par hasard, cet étranger, ce voyageur, avec lequel je vous ai vu converser hier au bourg de San-Pagolo ?

PHARAM, *sévèrement.*

Depuis quand est-ce la mode chez nous que le fils adresse des questions à son père ? *Yanoz baisse la tête. Pharam se lève.*) N'y a-t-il point de sentinelle sur la route qui descend vers la plaine ?

YANOZ

Il y a Mikel.

PHARAM

Eh bien, Mikel sera puni s'il s'est endormi à son poste. (*On entend un son de cor au lointain.*) Mais non. Mikel veillait. L'homme approche.

PLUSIEURS BOHÉMIENS, *descendant des groupes du fond.*

Un chrétien ! *Ils portent la main à leurs couteaux.*)

PHARAM, *avec autorité*.

Qu'on laisse là les armes !... Giseph et Polgar, avancez. (*Les deux gitanos obéissent.*) Allez recevoir celui qui vient et servez-lui de guides jusqu'ici... Et, quelles que soient les intentions qui l'amènent, que ce visiteur vous soit sacré, ainsi qu'à tous ceux qui m'entendent ; car, pour une heure, il est notre hôte. (*Les deux gitanos s'éloignent par le fond.*) Holà ! Djabel !

DJABEL, *descendant*.

Maître ?

PHARAM

Diamante repose encore ?

DJABEL

Oui, maître.

PHARAM

Va t'installer auprès d'elle, et, si elle se réveille, prie-la de ne point se montrer avant que l'homme qui va venir ne m'ait quitté.

DJABEL

Bien, maître. (*Elle remonte et se dirige vers la tente. Puis, se ravisant et venant au groupe de droite dont fait partie Gorbas. A ce dernier.*) Où est l'enfant ?

GORBAS

L'enfant ?... Il est par là (*Il désigne la droite.*) qui joue avec les autres.

DJABEL

Ne le perds pas de vue, n'est-ce pas ?... S'il lui arrivait quelque chose... (*Elle entre dans la tente.*)

# SCÈNE II

LES MÊMES, *moins les* DEUX BOHÉMIENS *et* DJABEL. *Pharam est allé se rasseoir sur sa pierre. Yanoz s'est mêlé aux groupes du fond. Auprès du feu, à droite, la conversation continue.*

#### BAÏSSA

Oh! cette Diamante!... Ne m'a-t-elle pas menacée de me livrer aux gens de justice, pour avoir vendu à une riche bourgeoise de la ville voisine une poudre destinée à la débarrasser d'un mari caduc et grognon?

#### WIARDA

C'est comme moi, l'autre jour, cette belle dame qui écoutait les doux propos d'un cavalier sans prendre garde à la fillette qui sautillait à quelques pas d'elle... J'allais escamoter l'enfant...

#### GARGAJAL

Histoire d'apprendre à la mère à avoir plus de soin de sa progéniture...

#### WIARDA

Mais la Diamante m'avait suivie, et, sur un signe impérieux, j'ai dû remettre à terre la mignonne que j'avais commencé à fourrer dans mon sac...

#### LE DOCTEUR

S'il n'est plus permis d'adopter un chérubin du bon Dieu!...

#### BAÏSSA

Ni de rétablir la paix dans un honnête ménage!

#### GORBAS

Voici qui est plus fort, mes enfants : ce matin, à San-

Pagolo, ne m'a-t-elle pas commandé de rendre à un croquant la bourse dont je venais de soulager sa poche ?

GARGAJAL

Et tu as obéi ?

LE DOCTEUR

Tu as rendu la bourse ?

GORBAS

Hélas ! oui : je l'ai rendue à son propriétaire... Seulement...

WIARDA *et* BAÏSSA

Seulement ?...

GORBAS

Seulement, j'avais eu soin de garder les trente pistoles qui étaient dedans.

TOUS

Bravo !


## SCÈNE III

LES MÊMES, JACQUES CALLOT, *les* DEUX BOHÉMIENS. *Ils arrivent tous trois par le fond. Callot est entre les deux autres qui le tiennent. Les groupes du fond descendent derrière lui.*


JACQUES

Voyons, lâchez-moi, mes compères !... Que diable ! je sais marcher tout seul... (*On le pousse vers Pharam.*)

PHARAM, *se levant.*

Qui m'amenez-vous là ? Je ne connais pas cet homme.

PREMIER BOHÉMIEN

Maître, c'est l'étranger qui...

DEUXIÈME BOHÉMIEN

Maître, c'est le visiteur que...

PHARAM, *les interrompant avec colère.*

L'étranger !... Le visiteur !... Oui-dà !... Vous moquez-vous, mes drôles ?... Ce n'est pas là le cavalier à qui j'ai donné rendez-vous...

JACQUES, *le saluant.*

Seigneur...

PHARAM

Encore une fois, je ne connais pas cet homme.

JACQUES

Alors permettez-moi de vous le faire connaître. (*Pharam, à gauche, au premier plan. Callot, idem, au milieu. Les deux bohémiens, à droite, deuxième plan. Les autres, en arrière, forment un demi-cercle, dont Yanoz occupe l'extrémité de gauche et dont Baïssa, Wiarda, le docteur, Gargajal et Gorbas tiennent l'extrémité de droite.*)

PHARAM

Parle et sois bref.

JACQUES

Mon Dieu, voici toute l'histoire : je suis artiste, pour vous servir...

PHARAM

Artiste ?...

JACQUES

Dessinateur, peintre, graveur ! J'entends que je travaille pour devenir quelque chose... Or, toute la journée, j'avais erré dans la campagne, à croquer des sites... Je n'avais même croqué que cela... Des sites superbes, il est vrai ; mais peu nourrissants, c'est certain... Mon carton était plein ; mais mon estomac était vide... Et, à moins de me dévorer moi-même...

PHARAM

Après ?

JACQUES

Ce fut juste en ce moment que j'eus la bonne fortune
de rencontrer ces deux messieurs. (*Il désigne les deux
gitanos.*) L'un d'eux me demanda : « Ne cherchez-vous
pas un campement de bohémiens ? » Des bohémiens !...
Sangodémi ! je les connais et je les aime...

WIARDA, *minaudant.*

Il n'a point mauvais goût, ce garçon !

BAÏSSA, *de même.*

Dame ! nous en valons bien la peine !

JACQUES

Je les connais, pour avoir, lors de ma première esca-
pade du logis paternel — je n'avais guère que douze
ans — passé près de six semaines dans l'une de leurs
bandes... Je les aime, parce qu'ils n'ont pas les qualités
et les défauts de tout le monde ; parce qu'ils sont pitto-
resques, bizarres, excessifs, beaux à faire peur ou laids à
faire plaisir ; parce qu'il y a chez eux, dans l'arrange-
ment du haillon, des mœurs, de la vie, une fantaisie qui
attire mes yeux, — une liberté sans limites qui charme
mon esprit, — et un caprice perpétuel qui sollicite mon
crayon !...

YANOZ, *avec ironie.*

Voyez-vous cela !

JACQUES

Aussi ai-je volontiers suivi vos compagnons... Et,
maintenant, je vous dis ceci : « Avez-vous quelque part,
par là, dans vos marmites, quelque morceau à partager
avec l'hôte que le hasard vous envoie... Quand ce serait
de la vache enragée ?... Mon ordinaire, hélas ! depuis que

j'ai quitté la table et la maison de mon père... Vrai Dieu !
je vous en serai aussi reconnaissant que si vous me
faisiez asseoir devant le festin de Lucullus !... Êtes-vous,
au contraire, aussi besogneux que moi ?... Attablons-
nous de compagnie devant la détresse commune. Les
voyages et les aventures m'ont appris à me sustenter d'un
cran serré au ceinturon. J'ai dîné hier d'une pastèque ;
j'ai déjeuné, ce matin, d'une orange ; je souperai, ce
soir, d'un verre d'eau, d'une cigarette et d'un air de man-
doline. *(Frappant sur sa ceinture.)* Du reste, j'ai encore
là de quoi payer mon couvert et mon lit à l'hôtellerie de
la Belle-Étoile.

YANOZ, rudement.

Garde ton argent. Ce n'est pas à lui que nous en vou-
lons. C'est à ta vie.

JACQUES

A ma vie ?... Vous plaisantez !... Et pourquoi cela, mon
camarade ?

YANOZ, allant à lui.

Parce que tu es un espion.

JACQUES, avec explosion.

Un espion !... Moi !... Vous mentez !

YANOZ

Demonio ! *Il tire son couteau et va pour s'élancer
sur le jeune homme. On le retient.)*

JACQUES, vivement.

Ne bougez pas ! Vous êtes magnifique ainsi ! Je m'y
serais repris à dix fois avant de vous donner une pose
aussi nature ! *(Il ouvre lestement le carton qu'il portait,
en entrant, pendu à la poignée de son épée, — et qu'il a
déposé, avec celle-ci, à ses pieds, — en tire une feuille de
papier, des crayons, va s'asseoir sur une pierre à l'extrême*

*droite et pose le carton sur ses genoux et la feuille sur le carton.)*

LES BOHÉMIENS

Que fait-il?

JACQUES

Attention!... Je commence. *(Il se met à dessiner.)* C'est l'affaire de cinq minutes et d'une dizaine de coups de fusain.

PHARAM, *passant près de lui.*

Jeune homme, sois sérieux. Nous sommes tes juges. Tu t'es introduit parmi nous sans motif plausible, avouable. C'est un crime que nos lois punissent de mort. Qu'as-tu à dire pour ta défense?

JACQUES

Mon digne seigneur, je suis à vous dans un instant... Permettez seulement que j'expédie monsieur...

LE DOCTEUR, *à ses compagnons qui se sont groupés curieusement derrière Callot.*

C'est que sa main ne tremble pas...

GARGAJAL

Il est calme...

GORBAS

C'est un brave.

PHARAM, *à Callot.*

Ta vie est au bout de tes réponses.

JACQUES

Eh bien, interrogez, messire : je répondrai en travaillant.

PHARAM

Ton nom?

JACQUES

Jacques Callot.

PHARAM

Ton pays.

JACQUES

La Lorraine.

LES BOHÉMIENS

La Lorraine !

JACQUES, *à part, étonné.*

Tiens ! ça n'a pas l'air de leur faire plaisir.

PHARAM

Où vas-tu ?

JACQUES

A Florence, d'abord ; puis, à Rome ; étudier la peinture,
si je trouve là-bas quelque maître qui consente — sur ma
bonne mine — à faire de moi un grand artiste.

PHARAM

Ton histoire ?

JACQUES

Oh ! Seigneur Dieu ! elle est bien simple : mes parents
auraient bien voulu que je succédasse à mon cher et
honoré père dans la charge que celui-ci remplissait, à
la cour de Nancy, auprès de notre souverain, le duc
Henri, deuxième du nom ; car nous sommes un peu de
noblesse, et j'ai le droit de porter l'épée. (*A Yanoz qui se
trémousse avec colère.* Oh ! vous pouvez quitter la pose...
Je vous tiens maintenant... Et dans un rien de temps...

YANOZ

Au diable ! *Il remonte et disparait un instant par la
gauche.*)

JACQUES

Mais une puissance irrésistible m'entraînait vers l'Italie,
comme l'étoile qui guidait les rois mages vers le berceau
du Sauveur... L'Italie ! l'Italie ! me criait une voix incon-

nue : sur les bancs de l'école, au milieu des jeux, pendant mon sommeil, et, le dimanche, parmi les chants de la messe, la fumée des encensoirs et le soleil rayonnant sur l'autel, à travers les vitraux coloriés... Bref, je m'enfuis, un beau matin, du logis paternel, et je m'en allai devant moi, riche de l'inexpérience de mes douze ans et de trois petits écus qui se battaient dans ma poche... On me rattrapa au pied des Alpes et l'on me ramena au bercail... Je partis une seconde fois : on me rattrapa de nouveau au seuil de l'une des portes de Rome... Un autre eût renoncé à son idée : je persévérai dans la mienne... Ah ! dame ! c'est que, lorsque je m'y mets, je suis têtu comme un Breton et patient comme un Normand... J'attendis, je repartis, et me voici : j'ai fini... J'ai fini mon croquis en même temps que mon récit. (*Il se lève.*) Votre Seigneurie daignera-t-elle accepter le premier en remerciement de l'intérêt qu'elle a paru prendre au second? (*Il offre le papier au vieillard.*)

PHARAM

**Jeune** homme, ton talent plaide ta cause plus éloquemment que le meilleur des avocats.

VOIX DIVERSES

Voyons !... C'est frappant !... C'est vivant ! (*On entend le son du cor.*)

PHARAM

Ce signal...

YANOZ, *revenant par la gauche et touchant l'épaule de Pharam.*

Père !... (*Il lui montre Christian de Sierk qui cherche à s'orienter au fond dans la montagne.*)

PHARAM

Voici venir celui que j'attends. (*Aux bohémiens.*) Qu'on aille au-devant de lui et qu'on lui fasse honneur. (*Plu-*

sieurs *gitanos obéissent. Aux autres, en leur désignant Callot.)* Emmenez ce jeune homme : il sera statué tout à l'heure sur son sort.

YANOZ, *à ses compagnons.*

Dans cette grotte. (*Il montre le troisième plan à gauche. A Callot.*) Allons, marche. Tu auras tout loisir de reposer là-dedans.

JACQUES

Ma foi, je n'en serai pas fâché : qui dort dîne. (*On le fait entrer dans la grotte.*)


# SCÈNE IV

LES MÊMES, *moins* JACQUES, *puis* CHRISTIAN


PHARAM, *aux bohémiens.*

Vous autres, tirez-vous à l'écart. (*Les bohémiens s'éloignent de différents côtés.*)

CHRISTIAN, *arrivant du fond.*

Salut au doyen de la tribu des Tziganes de Moravie.

PHARAM

Salut, baron Christian de Sierk.

CHRISTIAN

Ah ! ah ! il paraît que je suis connu ici...

PHARAM

Messire, quand, hier, sur la place du village où nous avons fait halte, vous m'avez demandé un entretien particulier, j'ai entendu votre valet vous donner ce nom et ce titre. (*Lui désignant la pierre sur laquelle il était assis.*) Prenez place. Je vous écoute.

CHRISTIAN, *assis.*

Il y a vingt ans, tu étais heureux, Pharam : tu avais

épousé ta parente Mani, la souveraine de la tribu, — puisque ce sont les femmes chez vous qui exercent le pouvoir royal, — et de cette union était née une fille que vous aviez appelée Diamante... Le hasard vous amena sous les murs de Nancy...

PHARAM, *sombre.*

Dites : la fatalité, seigneur.

CHRISTIAN

La fatalité, en effet; car la nuit de votre arrivée, — c'était, si je ne m'abuse, celle du 16 octobre 1601, — une populace, ivre de colère contre les gens de votre race, envahit votre campement et mit le feu à vos tentes...

PHARAM

Je me souviens de cette nuit terrible... J'avais pris mon enfant dans mes bras. Ma femme s'accrochait à moi, défaillante, éperdue, folle. Nous tentâmes de rompre le cercle de fer et de flammes qui nous étreignait...

CHRISTIAN

Tu y parvins seul...

PHARAM

Oui. Quand, après une heure d'une course furieuse, je fus contraint de m'arrêter, Mani n'était plus avec moi... Et l'enfant que je serrais contre ma poitrine, cette enfant était morte... Un coup, qui m'était destiné, l'avait sans doute frappée dans la bagarre... Alors, oh! alors, il me sembla que la terre s'entr'ouvrait sous mes pieds et que le ciel s'écroulait sur ma tête. Un voile s'étendit sur ma vue. Je tombai, foudroyé, sur le bord du chemin...

CHRISTIAN

Et ce fut là que l'on te ramassa, le lendemain...

PHARAM

Pour me jeter en prison, instruire mon procès et me

condamner au bûcher, pour crimes d'hérésie, de sortilège
et de magie...

CHRISTIAN

Seulement, la veille du jour fixé pour l'exécution de
cet arrêt, le geôlier introduisit dans ton cachot un cavalier masqué qu'accompagnait un page... Ce cavalier venait
t'offrir la vie et la liberté... Tu acceptas...

PHARAM

Oui, car je voulais vivre... Vivre pour venger ma
femme... Vivre pour venger mon enfant...

CHRISTIAN

En échange de ce service, tu avais juré à ton sauveur
de lui obéir en tout ce qu'il te commanderait : il t'enjoignit
de suivre son page et d'exécuter à la lettre les ordres que
celui-ci te donnerait... Le page te conduisit hors de la
ville. C'était vers le milieu de la nuit du 20 octobre. Vous
longeâtes la lisière d'un bois pendant un quart d'heure
environ. Puis, un mur se dressa devant vous...

PHARAM

Un mur que trouait une petite porte basse...

CHRISTIAN

Ton guide te remit trois clefs : avec la première tu
ouvris cette porte basse...

PHARAM

Et je traversai le jardin qui s'étendait derrière la muraille...

CHRISTIAN

Au bout de ce jardin, tu rencontras un corps de logis
sur la façade duquel une seule fenêtre était faiblement
éclairée. Sous cette fenêtre, une autre porte. Tu te servis
de la seconde clef pour ouvrir cette seconde porte. Tu
montas un escalier. A l'aide de la troisième clef, tu péné-

tras dans une chambre où il y avait un lit et un berceau. Dans le lit, une femme. Dans le berceau, un enfant. Profondément endormis tous les deux. (*Se levant.*) Est-ce exact, tout cela, compère ?

PHARAM

C'est exact... Le page m'avait transmis les instructions de son maître : je m'avançai sur la pointe des pieds ; l'épaisseur du tapis étouffait le bruit de mes pas... Je me penchai sur le berceau ; j'en retirai l'enfant avec précaution et je l'enveloppai dans ma cape... C'était une fillette blonde et rose...

CHRISTIAN, *allant à lui.*

Après ?

PHARAM

La dormeuse n'avait pas bougé : chargé de mon précieux fardeau, je me retirai comme j'étais venu...

CHRISTIAN, *insistant.*

Après, mons Pharam, après ?

PHARAM

Après? (*Avec résolution.*) Eh bien, en me glissant à travers le jardin pour rejoindre mon compagnon, j'entendis une voix en moi, — une voix qui parlait dans mon âme, une voix douce comme une prière et suave comme un chant... Elle venait d'en haut : c'était celle de notre Diamante... Elle me disait : « Père, ne pleure plus ! Celle-ci me remplacera près de toi et te consolera de ma perte. La moitié des baisers que tu lui prodigueras montera vers moi dans l'extra-monde d'où je te souris, et je te les rendrai par ses lèvres. »

CHRISTIAN

Alors...

PHARAM

Alors, je songeai : — Si l'âme de notre Diamante était
passée dans le corps de cette chère et frêle créature ?

CHRISTIAN

Et tu oublias ton serment... Le page t'attendit en vain...
Tu t'enfuis par les bois en emportant l'enfant que tu avais
promis de lui remettre...

PHARAM

Messire, c'est vous qui étiez ce page...

CHRISTIAN

Soit ; et c'est cette enfant qui est devenue votre reine...

PHARAM

Pourquoi le nierais-je ?... Pour tous nos frères elle est
ma fille, et, comme telle, elle devait succéder à Mani...
Oh ! mais elle sait qu'elle n'est point née de nous et
qu'elle a reçu le baptême... Mais elle ne sait que cela, et,
hormis elle et moi, mon fils Yanoz connaît seul le secret
de son origine...

CHRISTIAN

Finissons-en. Je suis pressé. (*Passant son bras sous
celui du bohémien.*) Que dirais-tu de cinq cents ducats à
empocher ?

PHARAM, *aridement.*

Cinq cents ducats ?... Une pareille somme !... Excellence, je dirais que c'est une pluie d'or tombée du ciel.
(*Après un temps.*) Mais que faut-il faire pour mériter une
aubaine de cette importance ?

CHRISTIAN

Peu de chose. Moins que rien. Une bonne œuvre.

PHARAM, *hochant la tête.*

Une bonne œuvre ?... Hum ! c'est difficile !... Quand
on n'en a pas l'habitude !

CHRISTIAN

Rassure-toi. On te la payera comme une mauvaise action. Il s'agit seulement de me remettre, pour la conduire à ses parents, la jeune fille qui fait l'objet de notre conversation.

PHARAM, *se dégageant et reculant.*

Diamante ?

CHRISTIAN

Elle-même.

PHARAM

Notre reine ?

CHRISTIAN

Précisément.

PHARAM, *après une pause, lentement.*

Et, avant de la conduire à ses parents, — à qui vous tentiez de la dérober, il y a vingt ans, — que comptez-vous faire de cette enfant ?

CHRISTIAN, *avec hauteur.*

Çà, tu m'interroges, je crois ?

PHARAM, *froidement.*

J'ai cet honneur, Excellence.

CHRISTIAN, *de même.*

Et s'il ne me plaît pas de répondre à cette question ?

PHARAM, *de même.*

A votre aise : je garde ma fille.

CHRISTIAN, *avec colère.*

Garder Diamante !... Allons donc !... Tu n'en as pas le droit !...

PHARAM, *ironiquement.*

Eh bien, je le prends, voilà tout : nous autres, gens

de sac et de corde, il faut toujours que nous prenions quelque chose.

CHRISTIAN, *frappant du pied.*

Trêve de raillerie!... Tu n'y songes pas, sur mon âme!... Cette enfant a une famille...

PHARAM

Et quelle est-elle, cette famille ? Où est-elle ? Comment se nomme-t-elle ? Parlez. Vous a-t-elle chargé de venir réclamer le trésor que vous me forciez jadis à lui soustraire ?... S'il en est ainsi, produisez-moi une preuve — une seule — de la réalité de cette mission, et je suis prêt à vous fournir tous les moyens de l'accomplir... Mais non, vous ne sauriez rien établir de semblable... Aussi brisons là...

CHRISTIAN, *passant à droite*

Tu me chasses ?

PHARAM

Tant que le vieux Pharam vivra, sa fille d'adoption ne le quittera pas.

CHRISTIAN

Ainsi, c'est la guerre ?

PHARAM

Je ne vous la déclare pas, seigneur; mais je suis prêt à la soutenir s'il vous convient de me la faire.

CHRISTIAN

Songe que je t'arracherai de gré ou force celle que tu prétends me refuser.

PHARAM

Et vous, qui menacez, n'oubliez pas ceci: c'est que, si je faisais un signe...

CHRISTIAN, *troublé.*

Je suis venu ici sur la foi de ta parole...

PHARAM

Cette parole vous protégera mieux que la trempe de
votre épée. (*Après un temps.*) Nous n'avons plus rien à
nous dire. (*Élevant la voix.*) Holà, Polgar et Giseph ! (*Les
deux bohémiens s'approchent.*) Reconduisez ce cavalier
jusqu'à l'endroit où il a laissé sa monture.

CHRISTIAN, *remontant.*

C'est ton dernier mot ?

PHARAM

Je ne reviens jamais sur ce que j'ai décidé. (*Le saluant
de la main.*) Adieu, mon gentilhomme.

CHRISTIAN, *au fond.*

Non pas adieu, Pharam, au revoir. (*Il sort avec les
deux gitanos.*)


# SCÈNE V

PHARAM, LES BOHÉMIENS. *Le vieillard va se rasseoir
à gauche. Les bohémiens redescendent et l'entourent.*


GARGAJAL

Eh bien, seigneur doyen, que va-t-on faire du prisonnier ? On a fini de souper. C'est le moment de rire.

PHARAM, *distrait.*

Quel prisonnier ?

GARGAJAL

Hé ! ce barbouilleur de papier... Notre premier visiteur
de cette nuit... Celui qui dort là-bas, sous la garde de
votre fils.

PHARAM

C'est vrai. Je l'avais oublié. Qu'on l'amène. (*Plusieurs
bohémiens entrent dans la grotte.*)

PHARAM

C'est bien : que votre volonté soit faite. (*A Callot.*)
L'ami, le ciel m'est témoin que j'aurais voulu te sauver...
Ce n'est pas moi qui te condamne ; ce sont ceux de tes
compatriotes qui ont assassiné nos frères... Chacun va
de vie à trépas, selon sa destinée écrite. La tienne m'af-
flige. Elle est cruelle. Oppose-lui pourtant bon visage et
sache mourir comme je suis sûr que tu aurais vécu : sans
peur. (*Il traverse lentement la scène et gagne l'extrême
droite. Gorbas monte sur le plateau de gauche. Il grimpe
à un sapin et attache à l'une des branches de celui-ci une
corde terminée par un nœud coulant.*)

JACQUES, *à lui-même.*

On m'a parlé de mourir... Ah çà ! est-ce que je rêve ?...
Eh ! oui, parbleu ! c'est cela, je rêve !...

GORBAS, *du sapin.*

Tout est paré.

YANOZ, *prenant le Lorrain par le bras.*

Allons.

JACQUES, *en montant la rampe qui aboutit au plateau.*

C'est le rêve... C'est toujours le rêve...

GARGAJAL, *du bas, à Yanoz.*

Place-le sous la branche, au bord du vide... Là...
Bien... Maintenant le collier de chanvre au cou...

JACQUES, *toujours à lui-même.*

Ah ! mais je commence à trouver que le rêve tourne au
cauchemar...

GARGAJAL

Je frappe trois coups dans ma main... Au troisième,
v'lan ! une poussée !... Flanque-le-moi dans l'éternité !

JACQUES

Heureusement que ça ne peut pas durer... Dans tout

rêve, quand on s'imagine  tomber d'un endroit élevé, on
se réveille incontinent... Dépêchons-nous, hein, camarades !

GARGAJAL, *frappant dans ses mains.*

Attention !... Un !... Deux !...


## SCÈNE VII


LES MÊMES, DIAMANTE. *Depuis quelques instants, la draperie qui ferme la tente s'est soulevée et Diamante a
paru sur le seuil. Au moment où Gargajal va frapper
le troisième coup, elle porte vivement à ses lèvres un
petit sifflet d'argent et en tire une impérieuse modula-
tion. Tous les bohémiens se retournent.*


LES BOHÉMIENS

La reine !

DIAMANTE, *descendant.*

Que se  passe-t-il donc, mes frères ? (*Elle prend le milieu. Les bohémiens sont groupés au bas du plateau. Sur
celui-ci, Gorbas, descendu de son arbre, Yanoz et Callot.
Pharam à l'extrême droite.*)

JACQUES

Mordieu ! la jolie créature !... Allons, voilà mon rêve
qui se décide à redevenir agréable !

DIAMANTE, *aux gitanos.*

Vous vous taisez ?... Alors, je vais parler pour vous...
Vous allez tuer un innocent pour le régal des yeux, pour
le plaisir, pour rien...

LE DOCTEUR

Diamante...

DIAMANTE

La paix, fabricant de mauvaises chicanes ! *(A Gargajal qui veut parler.)* La paix, éponge insatiable ! *(A Wiarda et à Baïssa qui murmurent.)* La paix, voleuse d'enfants ! La paix, marchande de mort subite !

JACQUES, *à lui-même.*

La preuve que je n'ai pas cessé de dormir, c'est que voilà une enchanteresse comme on n'en rencontre qu'en songe...

DIAMANTE

Qu'on m'amène ce malheureux.

YANOZ, *avec colère*

Quoi ! tu veux...

DIAMANTE, *l'interrompant.*

Silence, hyène enragée ! Nous agissons chacun selon notre volonté. Moi, pour le bien ; toi, pour le mal.

YANOZ

Tu n'es pas la maîtresse de la vie de cet homme : demande plutôt à notre père...

PHARAM

Yanoz a raison, ma fille.

DIAMANTE, *avec impatience.*

Oui, oui, je sais, j'ai entendu... La nécessité des représailles... La loi du talion... Nos principes... notre code... Hé ! qui pense à les méconnaître, ces principes ?... Qui songe à les violer, ces lois ?... Qui cherche à le fouler aux pieds, ce code ?... Seulement, si vous les invoquez pour punir, il m'est bien permis, à mon tour, de les invoquer pour faire grâce...

LE DOCTEUR

Comment ?

DIAMANTE

N'est-ce pas une tradition chez nous que le chrétien qui demande à entrer dans la grande famille de bohême, renonce, par ce fait, à tous les avantages dont il pouvait jouir dans le monde des profanes : à son nom, à sa fortune, à ses liens de parenté et de patrie ?...

LE DOCTEUR

Sans doute.

PHARAM

Où veux-tu en venir, ma fille ?

DIAMANTE

A ceci, père : c'est que, si le jeune homme sollicite, s'il obtient son admission dans la tribu, il dépouille incontinent la nationalité dont vous lui faites un crime... (*Pendant les deux couplets précédents de Diamante, Yanoz et Gorbas ont fait descendre le Lorrain du plateau. Les personnages sont ainsi placés à partir de la gauche : au premier plan, Gorbas, Jacques, Yanoz, le Docteur, Diamante, Pharam. Au deuxième plan, Gargajal, Wiarda, Baïssa, les Bohémiens.*)

YANOZ

Notre compagnon !... Lui !... Jamais !...

DIAMANTE

Pourquoi non ? S'il le demande et si j'y consens... N'est-ce pas à la reine qu'il appartient de statuer sur une requête de cette nature ? (*Le Docteur remonte au second plan. Diamante passe devant Yanoz. Elle s'adresse à Callot.*) Çà, messire, vous plaît-il de devenir des nôtres ?

JACQUES

Elle me parle !...

DIAMANTE, *insistant.*

Je vous demande s'il vous convient de rester avec nous.

JACQUES, *avec impétuosité.*

Avec vous !... Vous me demandez s'il me convient de
rester avec vous !... Mais je voudrais y passer le reste de
mes jours, avec vous !... Quand chacun de ceux-ci devrait durer un an, et quand leur somme devrait parfaire
des siècles.

DIAMANTE

Il ne s'agit pas de moi seule ; il s'agit de savoir si vous
acceptez notre tribu pour famille, notre métier pour pro-
fession, mes compagnons pour frères et la liberté pour
tout bien, toute religion et toute patrie...

JACQUES

Madame la reine, — car je vois que vous êtes la reine,
non pas seulement à la couronne qui vous sied comme
une auréole, mais à la majesté toute de grâce qui se dé-
gage de votre personne, — madame la reine, disposez de
moi. Je suis votre sujet, votre serviteur, votre esclave...
Là, vrai, vous me commanderiez de me brûler vif à petit
feu ou de me laisser mourir de faim, — ce qui est un
genre de trépas éminemment désagréable, — que, ma
foi, je vous obéirais sans barguigner...

DIAMANTE

Ainsi, vous consentez à marcher dans les rangs des
Tziganes rouges...

JACQUES

De toutes les couleurs que vous voudrez.

DIAMANTE

Des Tziganes rouges de Moravie...

JACQUES

De tous les pays qu'il vous plaira.

DIAMANTE

Vous renoncez à retourner jamais parmi les vôtres ? A

pratiquer un autre culte que celui de l'eau, de l'air et du feu ? A n'avoir d'autres amitiés et d'autres haines, d'autres calculs et d'autres intérêts que les calculs, les intérêts, les haines et les amitiés de ceux qui vont devenir vos frères ?

JACQUES, *se grattant l'oreille.*

Diable ! voilà, ce me semble, un tas de choses qui ne sont pas trop catholiques ! (*Réfléchissant.*) Mais, puisque je dors, qu'est-ce que je risque ? (*Avec résolution.*) Affaire entendue : j'y renonce.

DIAMANTE

Vous jurez de préférer la ruse à la force, l'or à l'argent, le bien et le salut de tous à votre bonheur, à votre fortune, à votre vie...

JACQUES

Je le jure.

DIAMANTE

De vous conformer à nos usages, de respecter nos rites, d'observer nos lois...

JACQUES

Je le jure.

DIAMANTE

D'exécuter aveuglément les ordres qui vous seront donnés par votre reine...

JACQUES

Je le jure, je le jure, je le jure. (*Gaillardement.*) Pendant que j'y suis, y a-t-il encore autre chose ?

DIAMANTE

Vous jurez tout cela dans l'âme ?

JACQUES

Dans l'âme.

DIAMANTE

C'est bien ; vous êtes des nôtres.

GARGAJAL

Un instant : nous exigeons les épreuves...

JACQUES

Quelles épreuves ?

LE DOCTEUR

Celles auxquelles doit se soumettre quiconque tient à entrer dans notre confrérie...

GORBAS, *appuyant.*

Les épreuves du courage, de la force et de l'adresse.

LES BOHÉMIENS

Oui, oui : les épreuves ! les épreuves !


## SCÈNE VIII

### Les Mêmes, DJABEL.


DJABEL, *accourant échevelée du fond à droite.*

Mon enfant !... Mon enfant !... Sauvez mon enfant !

DIAMANTE, *allant à elle.*

Qu'est-ce donc ?

GORBAS, *de même.*

Notre fils ?... Que dis-tu ?... Où est-il ?

DJABEL, *montrant le ravin du fond.*

Là !

GORBAS, *sans comprendre.*

Là ?

DJABEL

Il jouait au bord de cette fissure... Le pied lui a glissé... Il est tombé...

TOUS

Tombé !

GORBAS

Misère de moi ! (*Il va pour s'élancer vers le ravin.*)

YANOZ, *l'arrêtant.*

Y songes-tu ? Un abîme de cent pieds de profondeur !...

GARGAJAL

Avec, tout au fond, un torrent, qui écume contre les roches...

GORBAS

Oh !

JACQUES

N'importe ; il faudrait s'assurer... (*Il remonte vivement et se penche sur le ravin.*)

DIAMANTE, *frissonnant.*

J'ai peur...

DJABEL, *avec des sanglots.*

Mon enfant !... Mon petit Snaïm !...

JACQUES, *du fond.*

Rassurez-vous, ma bonne femme ; il s'est arrêté en route.

TOUS, *remontant.*

Comment ?

JACQUES

Parbleu ! il y a un Dieu pour ces chers innocents... A mi-chemin, entre les quartiers de roc, un figuier sauvage a poussé... Et notre bambin est resté accroché par sa ceinture à une branche...

TOUS

Est-il possible !

JACQUES

Voyez plutôt. (*Ils remontent et regardent.*)

DJABEL, *bondissant.*

Alors, on va aller me le chercher !

LE DOCTEUR

Au fond de ce trou, y pensez-vous ?

DJABEL, *suppliante.*

Toi, Yanoz, qui es jeune, qui es fort, qui es brave...

YANOZ

Hé ! ce serait se tuer que tenter l'entreprise...

DJABEL, *allant à Gorbas.*

C'est vrai : j'étais folle de m'adresser à tout autre qu'à mon mari... C'est notre fils qui est là, Gorbas... Tu vas me le rendre, n'est-ce pas ?...

GORBAS, *tressaillant.*

Moi ?

DJABEL

C'est au père qu'il appartient de sauver celui qui est son sang et sa chair... Va !... Oh ! va vite, bien vite !... Mais quoi ! tu demeures immobile !... Miséricorde ! qu'as-tu à ne pas répondre ? qu'as-tu à ne pas courir ? qu'as-tu à ne pas bouger ?

GORBAS, *sombre.*

Femme, l'enfant est perdu...

DJABEL, *avec explosion.*

Perdu !... C'est toi qui dis que notre fils est perdu !... Et l'on prétend qu'il n'y a pas de mauvais pères ! (*Aux bohémiens.*) Oh ! mais vous tous qui m'écoutez, vous aurez plus de cœur que lui !... Je veux mon fils, entendez-vous, je veux mon fils !... Voyez, je vous prie... Je vous supplie... A deux genoux !... Et vous restez de pierre !... Lâches ! lâches ! lâches !... Eh bien, c'est moi qui vais...

JACQUES

Ne vous dérangez pas, la mère.

DIAMANTE

Qu'allez-vous faire?

JACQUES

Descendre dans la gueule du monstre et tâcher de lui ravir sa proie...

DIAMANTE

Vous oseriez...

DJABEL, *tombant à genoux.*

Le Dieu des chrétiens vous protège! (*Le jeune homme disparaît dans le ravin.*)

GARGAJAL

Mais c'est qu'il descend, oui, vraiment.

YANOZ

Tant mieux : il y laissera ses os!

GARGAJAL

Pas du tout : le gaillard a le pied montagnard... C'est avec sûreté qu'il s'enfonce dans l'horreur et le danger du vide... Il s'accroche à toutes les touffes de broussailles, à toutes les saillies qu'il rencontre...

DIAMANTE

Seigneur, Seigneur, veillez sur lui!

GARGAJAL, *avec un cri.*

Aïe!... une branche s'est rompue sous son poids...

TOUS, *avec horreur.*

Oh!...

DIAMANTE, *accablée.*

Mort!...

DJABEL, *avec égarement.*

Mort?... Qui?... Mon enfant?

GARGAJAL, *après une pause, continuant à regarder dans
le ravin.*

Mais non, mais non : il s'est rattrapé à un angle... Et
il continue à descendre... Le voilà qui atteint le *bambino*...

DJABEL, *respirant.*

Ah!...

JACQUES, *du fond du ravin.*

Une corde!...

GARGAJAL, *répétant.*

Une corde!...

PHARAM, *montrant sur le sol celle qui devait servir
à pendre le Lorrain.*

Celle-ci. (*Deux bohémiens la font couler dans le ravin.*)

GARGAJAL

Il la tient!

JACQUES, *toujours hors de vue.*

Tirez, maintenant. (*On obéit. Attention générale. Une
pause. Puis, le jeune homme reparaît à l'orifice du ravin.
Il a l'enfant sur l'un de ses bras. Prenant pied.*) Le marmot demandé, voilà!

DJABEL, *se précipitant sur l'enfant.*

Snaïm!... Mon amour!... Mon trésor!...

GORBAS, *à Jacques.*

Messire, s'il vous faut ma vie...

JACQUES, *avec bonhomie.*

Gardez-la, mon brave homme : je suis assez payé par
la joie de madame votre épouse.

DIAMANTE, *aux bohémiens.*

Croyez-vous, maintenant, que celui-là ait encore besoin de faire ses preuves de force, de courage et d'adresse?

TOUS

Non! non! non!

DIAMANTE

Ainsi, vous consentez à l'accepter pour compagnon, ami et frère?

TOUS

Oui! oui! oui!

DIAMANTE

Alors, que la plus vieille de la tribu lui donne l'accolade maternelle et qu'il lui soit versé le vin de bienvenue! (*Wiarda et Baïssa s'approchent de Callot en même temps et se toisent avec colère.*)

WIARDA

J'ai soixante-quatorze ans...

BAÏSSA

Et moi, j'en ai soixante-quinze...

JACQUES, *à part.*

Embrasser une de ces sorcières!... Ouais! c'est le cauchemar qui recommence! (*Haut.*) Mesdames les Parques, m'est avis que c'est celle de vous qui n'est point là qui doit être la plus âgée. En son absence, permettez-moi de lui substituer les deux signorines que voici... (*Il embrasse rapidement deux jeunes bohémiennes.*)

TOUS

Bravo! (*On a distribué des gobelets et versé à boire.*)

GARGAJAL

A la santé du nouveau fils d'Égypte! A la santé de Jacques Callot!

TOUS

A la santé de Jacques Callot!

RIDEAU

# ACTE DEUXIÈME

---

## DEUXIÈME TABLEAU

### L'HOTELLERIE

Grande salle d'auberge italienne ouverte au fond sur une place de village ensoleillée et pittoresque. Au deuxième plan à droite, porte masquée par une draperie. Au quatrième, même côté, la porte des cuisines. En face, à gauche, une fenêtre. Au premier plan, toujours à gauche, une porte conduisant dans les dépendances de l'établissement. Tables et escabeaux à droite et à gauche.

---

## SCÈNE PREMIÈRE

CONSOMMATEURS, TARTAGLIA, *puis* CHRISTIAN DE SIERK, *puis* FRANCISQUINE. *Au lever du rideau, toutes les tables sont occupées, excepté celle de l'extrême droite.*

PREMIER CONSOMMATEUR

Tartaglia, mon macaroni !

TARTAGLIA

Voilà, signor, voilà!

DEUXIÈME CONSOMMATEUR

Tartaglia, ma polenta!

TARTAGLIA

A l'instant!

TROISIÈME CONSOMMATEUR

Tartaglia, mes ravioli!

TARTAGLIA

Tout de suite. (*Pendant ce temps, Christian de Sierk est entré par le fond et est venu s'asseoir à la table de l'extrême droite.*)

CHRISTIAN, *frappant sur la table.*

Holà! quelqu'un!

TARTAGLIA, *allant à lui.*

Que désire Votre Seigneurie?

CHRISTIAN

Une fiasque de vin d'Asti, d'abord; quelques renseignements ensuite.

TARTAGLIA

Je vais avoir l'honneur de vous servir la fiasque; quant aux renseignements... (*Il appelle.*) Francisquine! (*La jeune fille sort de la porte de gauche.*) C'est ma nièce, monseigneur : la langue la mieux pendue qui soit. (*A Francisquine.*) Réponds aux questions que t'adressera ce gentilhomme... (*Il remonte.*)

FRANCISQUINE, *à Christian, avec une révérence.*

Je suis aux ordres de Votre Excellence.

CHRISTIAN

Dites-moi, la belle enfant, cette fête de la Madone, qui

a lieu aujourd'hui, attire beaucoup de monde dans le pays...

FRANCISQUINE, *avec volubilité.*

La fête de la Madone!... Je crois bien!... On y vient de toutes les villes, de tous les villages, de tous les hameaux du voisinage... Par dévotion, d'abord... Et puis, pour s'amuser... Les filles pour chercher des galants; les galants, pour courir après les filles; les maris, pour tromper leurs femmes, et les femmes, pour tromper...

CHRISTIAN, *souriant.*

Leurs maris, naturellement.

FRANCISQUINE, *de même.*

Oh! non, Excellence : leurs amants. Pour leurs maris il y a longtemps que c'est chose faite.

CHRISTIAN

Oui, je m'aperçois qu'il y a foule... Foule de marchands, de bourgeois et de campagnards... Sans compter les bateleurs, les mendiants et (*Avec intention.*) les bohémiens...

FRANCISQUINE

Oh! pour ceux-là, il n'en manque pas !... Ce qu'il en est arrivé, depuis hier !... Et nous en attendons encore !

CHRISTIAN

Vraiment ?

FRANCISQUINE

Une bande tout entière : la tribu des Tsiganes rouges...

CHRISTIAN, *à part.*

Allons, on ne m'avait pas trompé. (*Haut.*) Les Tsiganes rouges...

FRANCISQUINE

Et se figure-t-on que ces mécréants ont fait retenir ici un logis pour leur reine ?...

CHRISTIAN

Ah !...

FRANCISQUINE

Car ils ont une reine... Leur reine !... Quelque affreuse
vieille taillée dans un bloc de charbon et plus maigre que
le manche à balai sur lequel elle chevauche pour aller
au sabbat !

TARTAGLIA, *redescendant avec un plateau qui supporte
une fiasque et un verre.*

Le vin d'Asti demandé.


## SCÈNE II

LES MÊMES, FRANCATRIPPA (TROPHIME MIRASSOU) *et*
FRITELLINO (ANGE-BÉNIGNE CAUDEBEC). *Tartaglia
a déposé le plateau sur la table. En se retournant pour
monter, il se trouve face à face avec les deux survenants
qui ont paru au fond depuis quelques instants et qui
ont descendu sur ses talons. Personnages ainsi placés à
partir de la gauche : Francisquine, Fritellino, Francatrippa, Tartaglia, Christian.*


FRANCATRIPPA, *à Tartaglia.*

Eh ! bonsoir donc, notre cher hôte ! Comment gouver-
nez-vous cette précieuse et inestimable santé ? (*Il fait
mine de l'embrasser.*)

FRITELLINO, *à Francisquine.*

Salut à la belle des belles ! A la rose de la Toscane ! A
la perle, au joyau, à l'étoile de l'Italie !

TARTAGLIA, *se dégageant.*

Merci, messer Francatrippa. Je me porte comme je entends. La chose ne regarde personne.

FRANCISQUINE

Ah ! c'est vous, seigneur Fritellino ? Eh bien, m'apportez-vous la bague dont vous m'avez parlé ?

CHRISTIAN, *examinant les deux nouveaux venus.*

Oh ! oh ! voilà, ce me semble, une paire de brigands aménagés à souhait pour l'usage que j'en veux faire... (*Il remonte à l'écart à gauche et écoute.*)

FRITELLINO

Distinguons, mignonne, distinguons : je crois que c'est d'un bracelet qu'il était question... D'un bracelet ou d'un collier, je ne me rappelle plus au juste... Encore cela est-il assez indigne de vos appas... C'est une mine de diamants, — oui, une mine tout entière, — qu'il faudrait pour les encadrer convenablement...

TARTAGLIA, *à Francatrippa.*

Encore une fois, faites-moi place : des pratiques sérieuses m'attendent...

FRANCATRIPPA

Ventre d'hippopotame ! corne de rhinocéros ! écailles de crocodile ! Je ne suis donc pas, moi, une pratique sérieuse ? (*Il continue à discuter avec l'hôtelier.*)

FRANCISQUINE, *à Fritellino.*

Et vous l'avez ?

FRITELLINO

Quoi ?

FRANCISQUINE

Cette mine de diamants ?

FRITELLINO

Si je l'ai ?

FRANCISQUINE

Oui.

FRITELLINO

Certainement : elle est ici et là encore. (*Il se frappe le front et le cœur.*)

FRANCISQUINE

Sous votre chapeau ?... Dans votre pourpoint !... Montrez !... Montrez donc ?... Montrez vite ! (*Elle piétine avec impatience.*)

TARTAGLIA, *à Francatrippa*.

Assez causé : allez au diable !

FRANCATRIPPA

Pas avant de m'être restauré et rafraîchi.

TARTAGLIA

Avez-vous de l'argent ?

FRANCATRIPPA

Cette question ?... Vous êtes d'une indiscrétion ?... Si j'ai de l'argent ?... Pour quoi faire ?

TARTAGLIA

Pour payer l'écot, donc ! Autrement, serviteur ! Pas de monnaie, pas de liquide.

CHRISTIAN, *à part*.

Deux loups affamés : à merveille !

FRITELLINO

O Francisquine, cette mine de diamants, ce sont les quatorze vers de la pièce qu'en ma qualité de poète d'épée, je vous ai dédiée dans mes *Sonnets belliqueux*.

FRANCISQUINE, *avec dédain*.

Des vers !

FRITELLINO

Grâce auxquels vous êtes sûre de passer à la postérité comme la Laure de Pétrarque, comme l'Éléonore de Torquato Tasso, comme...

FRANCATRIPPA, *à Tartaglia.*

Vous me refuseriez crédit ?... A moi !... Un ancien capitaine des bombardiers de la sérénissime république de Venise !... Et pour quelles raisons, je vous prie ?

TARTAGLIA

Pour trente-trois.

FRANCATRIPPA

Je vous défie de les énumérer.

TARTAGLIA

Vous me devez trente-trois pistoles. Voilà mes trente-trois raisons. Une par pistole.

FRITELLINO

Moi qui enfourcherais l'hippogriffe, pour aller vous chercher la lune, s'il vous convenait d'en suspendre une moitié à chacune de vos oreilles !

FRANCISQUINE

Bon ! il ne s'agit pas de monter si haut : contentez-vous de descendre au fond de votre poche.

FRANCATRIPPA

Trente-trois pistoles !... Peuh !... N'est-ce que cela ?... Une misère !

TARTAGLIA

Il se peut : mais à moins que vous ne m'allongiez un acompte...

FRANCATRIPPA

Allons donc ! Un homme tel que moi dédaigne les acomptes. Vous serez remboursé intégralement...

TARTAGLIA

Quand cela ?

FRANCATRIPPA

Quand une bonne affaire me sera tombée des nues :

quelque mari qui me chargera de le débarrasser de l'amant de sa femme ; quelque femme qui me priera de la délivrer d'un mari cornard ; ou bien encore quelque fillette à enlever pour un Léandre ou un Cassandre...

CHRISTIAN, *à part.*

Voilà les drôles dont j'ai besoin. (*Il remonte pour prendre le milieu.*)

FRANCATRIPPA

Nous sommes, par malheur, dans la morte-saison : l'assassinat ne donne pas, le rapt chôme et l'adultère est dans le marasme...

FRITELLINO, *à Francisquine.*

Ça, méchante, un baiser !... Un tout petit baiser !

FRANCISQUINE

Plus tard. Quand je tiendrai ma bague. Donnant donnant.

FRITELLINO, *avec mélancolie.*

Je comprends : vous êtes de celles qui ne cèdent que la bague au doigt.

FRANCATRIPPA, *à l'hôtelier.*

Voyons, donnez-moi à boire aujourd'hui, et, foi d'honnête bandit, je vous payerai demain.

TARTAGLIA

Payez-moi aujourd'hui, et, foi de notable commerçant, je vous donnerai à boire demain.

FRANCATRIPPA, *indigné.*

Ah ! c'est ainsi. Eh bien, je ne m'abaisserai pas à solliciter plus longtemps. Je quitterai sans regret des lieux où sont méconnues les saintes lois du crédit, de la confiance et de l'amitié. Adieu, Tartaglia. Je me drape dans mon manteau, et je secoue la poussière de mes sandales sur ton seuil inhospitalier.

FRITELLINO, *à Francisquine.*

Adieu à vous aussi... Je n'ai pas de manteau, moi... Mais je me drape dans ma dignité. (*Il fait le geste de s'envelopper.*)

TARTAGLIA

C'est cela. Montrez-moi, et pour toujours, les semelles de vos sandales, messer Francatrippa : je prierai Dieu de préserver mes confrères de votre pratique.

FRANCISQUINE

Bon voyage et bon vent, seigneur Fritellino : portez ailleurs vos ladreries et vos guimbardes. (*Les deux aventuriers remontent.*)

CHRISTIAN, *redescendant au milieu.*

Un instant !

TARTAGLIA

Comment ?

CHRISTIAN, *lui tendant une bourse.*

Voici d'abord les trente pistoles que ce brave officier vous doit...

FRANCATRIPPA, *stupéfait.*

Oh !...

CHRISTIAN, *à l'aventurier.*

Un acompte sur la somme dont je suis votre débiteur...

FRANCATRIPPA

Mon débiteur !... Vous !...

CHRISTIAN

Je le suis ou je le deviendrai. Peu importe. Allez-vous prétendre que non ?

FRANCATRIPPA

Pour qui me prenez-vous ? Je n'ai jamais renié une dette. Surtout lorsque je suis le créancier. (*En ce moment,*

*un certain mouvement s'effectue parmi les consommateurs
du fond. Plusieurs se lèvent. Ils regardent au fond à
droite.)*

CHRISTIAN

Qu'est-ce donc ?

FRANCISQUINE

Excellence, m'est avis que ce sont nos bohémiens qui
arrivent.

CHRISTIAN, *à part.*

Diable ! Je ne veux pas que le vieux Pharam m'aper-
çoive. (*Haut à Tartaglia.*) Maître, n'avez-vous pas quelque
part un endroit où l'on puisse s'entretenir en paix loin
des oreilles indiscrètes ?

TARTAGLIA, *soulevant la draperie de la porte de droite.*

Seigneurie, j'ai ici un petit salon de douze couverts où
l'on peut tenir jusqu'à quatre en se serrant.

CHRISTIAN

Bien.

TARTAGLIA

Avec une issue particulière sur le dehors.

CHRISTIAN

De mieux en mieux. Faites-nous servir à déjeuner dans
ce retrait. Je traite ces messieurs. Si, toutefois, ils me font
l'honneur d'accepter mon invitation.

FRANCATRIPPA

Si nous acceptons !... Ventre d'hippopotame !... Moi qui
n'ai dévoré, depuis deux jours, que les humiliations dont
m'a abreuvé ce bélître ! (*Tartaglia sort par la droite.*)

CHRISTIAN, *passant à Francisquine.*

Mignonne, ce cavalier ne vous avait-il pas promis une
bague ?

3.

FRITELLINO

Seigneur, croyez que je l'avais achetée, cette bague...
Mais j'ignore comment cela s'est fait... Je l'ai serrée avec
tant de soin, que je ne sais où la retrouver...

CHRISTIAN

Est-il possible !

FRITELLINO

Je l'aurai oubliée sur le marbre de ma toilette, avec ma
bourse et mes gants... Où je l'aurai perdue en route... En
tirant mes tablettes, ma montre ou mon mouchoir...

FRANCISQUINE, *éclatant de rire.*

Pourquoi ne dites-vous pas qu'on vous l'a dérobée ?

CHRISTIAN, *imperturbable.*

Il est certain qu'il y a tant de voleurs dans cette foule.
(*A Francisquine, en lui présentant un anneau qu'il vient de
retirer de son doigt.*) Quoi qu'il en soit, veuillez accepter,
mon enfant, ce témoignage de mon estime, pour remplacer le joyau que monsieur aura sans aucun doute laissé
en son logis...

FRANCISQUINE, *prenant la bague.*

Une pareille générosité !...

FRITELLINO, *s'inclinant devant Christian.*

Ma lame et ma lyre sont au service d'un gentilhomme
de tant de courtoisie et de magnificence.

VOIX, *au fond.*

Les voici ! Les voici !

TARTAGLIA, *sur le seuil de la porte de droite.*

Son Excellence est servie.

CHRISTIAN, *aux deux aventuriers.*

Venez, messieurs ; nous ferons plus ample connais-
sance à table. (*Ils sortent tous trois par la droite, suivis
de Tartaglia.*)

## SCÈNE III

FRANCISQUINE, JACQUES, *toute la tribu des* Bohémiens
*hormis* PHARAM, foule de Curieux *au fond.*

LES CURIEUX

Les bohémiens! Les bohémiens! (*Ceux-ci défilent au
fond — de droite à gauche, — sur la place, — tels qu'ils
sont représentés dans la célèbre gravure de Callot. Diamante ferme la marche sur une mule. Jacques chemine à
ses côtés.*)

YANOZ, *descendant en scène, à Francisquine.*

Le logement de la reine est-il prêt?

FRANCISQUINE, *avec une révérence ironique.*

Oui, seigneur mauricaud; et si Sa Majesté veut passer
par ici... (*Elle désigne la gauche. Yanoz remonte. Diamante a quitté sa monture. Elle descend au milieu, accom-
pagnée de Jacques et suivie de Djabel qui va parler à
Francisquine.*)

CHRISTIAN, *soulevant la tapisserie qui recouvre la porte
de droite.*

Ah çà! où se cache donc le vertueux Pharam?... Et
quel est le jouvenceau qui accompagne celle dont je
compte faire l'instrument de ma fortune?

DIAMANTE, *continuant avec Jacques une conversation
commencée.*

Encore une fois, je vous en prie, messire Jacques,
soyez patient... Yanoz est un caractère ombrageux, irri-
table... Et puis, je crois qu'il est jaloux...

JACQUES

Jaloux?

DIAMANTE

Jaloux de l'affection que vous me témoignez.

JACQUES

De l'affection que je vous témoigne?... A vous?... Sa
sœur ?...

DIAMANTE

Ne vous ai-je pas déjà dit que ce Yanoz n'est pas mon
frère ?... L'honnête Pharam n'a fait que me servir de
père... Et, par malheur, il n'est plus là pour me défendre
contre la passion de son fils...

JACQUES

Yanoz vous aime ?

DIAMANTE

D'un amour dont j'ai peur que la violence ne recule
devant aucune extrémité...

JACQUES, *avec chaleur.*

Oh ! mais, je vous défendrai, moi !... Si vous le voulez,
du moins... Puisque votre père adoptif a cessé de vivre...

CHRISTIAN, *qui écoutait derrière la draperie.*

Mort, ce Pharam !... Pardieu !... voilà qui avance sin-
gulièrement mes affaires ! *Il laisse retomber la draperie
et disparaît.)*

DIAMANTE

Messire Jacques, il faut me promettre de dédaigner
toutes les insultes et de mépriser toutes les provocations
qui vous seraient adressées...

JACQUES

Par cet insolent escogriffe ?... Diantre ! vous m'en demandez beaucoup !... C'est que je ne suis pas endurant...

DIAMANTE, *avec prière.*

Pour moi !...

JACQUES

Pour vous ?... Ah ! dame ! si c'est pour vous ?... Eh
bien, oui : on tâchera...

(YANOZ, *qui, tout en causant au fond avec les autres
bohémiens, ne les a pas quittés du regard, redescendant
brusquement. (A Diamante.) On vous attend par là...
Allez !... Mais allez donc ! (Il lui montre Djabel et Francisquine qui s'entretiennent à gauche.)*

DIAMANTE, *à Jacques.*

J'ai votre parole, n'est-ce pas ?... Merci !... Et à bientôt ! (*Elle sort par la gauche, suivie de Francisquine et de
Djabel.*)

## SCÈNE IV

LES MÊMES, *moins* DIAMANTE, FRANCISQUINE *et* DJA-
BEL. *En sortant, Diamante a laissé tomber une branche
de bruyère avec laquelle elle jouait en parlant à Callot. Celui-ci s'empresse de la ramasser. Yanoz, qui l'a
vu, intervient.*

YANOZ, *avec colère.*

Lorrain, tu vas me rendre cette branche.

JACQUES, *calme.*

Pourquoi cela ? Ce qui tombe au fossé, dit-on, est au
soldat. Cette branche est tombée, je l'ai ramassée, je la
garde.

YANOZ, *plus agressif encore.*

Et moi, je te répète que tu ne la garderas pas. Ce serait offenser Diamante. Ce serait m'offenser moi-même.

JACQUES, *à part.*

Oh ! si je n'avais pas fait une promesse ! (*Haut.*) A
Dieu ne plaise que j'aie une semblable intention ! Votre

reine connaît la mesure de mon respectueux attachement. Quant à vous, mon camarade, comment une chose aussi simple serait-elle de nature à vous désobliger ?

YANOZ

Trève d'explications ! Obéis !

JACQUES

Monsieur Yanoz, je crois que vous me donnez un ordre...

YANOZ

Obéis, ou sinon...

JACQUES

Monsieur Yanoz, je crois que vous me menacez. (*A part.*) Oh ! ma promesse, ma promesse ! *Haut.*) Tenez, m'est avis que chez vous le temps est à l'orage... Eh bien, j'aime mieux m'en aller... Je reviendrai quand vous vous serez remis au beau... *Il fait mine de sortir.*

YANOZ, *le retenant.*

Encore une fois, cette branche ! Il me la faut. Rends-la-moi ou je te l'arrache !

JACQUES, *la serrant dans son pourpoint.*

Cela, je ne vous le conseille pas. Il y a un proverbe de mon pays qui dit que, quand on secoue un prunier, il pleut des prunes ; mais que, quand on secoue un Lorrain, il pleut des coups de poing.

YANOZ, *exaspéré.*

C'est ce que nous allons voir. *Il s'élance sur le jeune homme, la main levée.*

JACQUES

C'est tout vu. *Il lui détache un coup de poing qui l'envoie rouler à quatre pas.*)

LES BOHÉMIENS

Oh ! *Ils descendent et relèvent Yanoz.*)

JACQUES, *à lui-même.*

Eh bien, et ma promesse, moi ?... Ah ! ma foi, j'avais dit : *On tâchera...* J'ai tâché ; mais je n'ai pas réussi : voilà.

YANOZ, *avec rage, à ses compagnons.*

Vous êtes témoins que cet homme vient de me frapper : c'est un outrage qui demande du sang...

JACQUES

Soit ; battons-nous... Aussi bien, puisque j'ai commencé... (*Il porte la main à son épée.*)

YANOZ

Tout beau ! Laissez votre lardoire ! La vengeance est trop loin au bout de ces longues rapières...

JACQUES

Alors, avec quoi nous escrimerons-nous ?

YANOZ

Avec ceci. (*Il tire son couteau catalan.*)

JACQUES, *avec dégoût.*

Avec cet ustensile de saigneur de bœufs !... Pouah !... Ce n'est pas un duel que vous me proposez là : c'est une boucherie !

YANOZ

As-tu peur ?

JACQUES

Peur ? (*Il déboucle vivement le ceinturon de son épée et jette celle-ci sur une table, à droite.*) Quelqu'un a-t-il à me prêter un de ces outils à découper ?

GORBAS

Voici mon couteau et ma cape. (*Yanoz est en train d'enrouler son manteau autour de son bras gauche. Jacques fait de même.*)

GARGAJAL

C'est tout de même gentil, voir s'étriper ainsi une paire de camarades.

WIARDA

Surtout quand ce sont deux jolis garçons.

LE DOCTEUR

Je m'improvise juge de camp. *Il s'assied sur une table au troisième plan, à gauche. Les bohémiens forment le demi-cercle autour des deux adversaires : Yanoz à gauche ; Callot à droite.)*

GORBAS, *à l'extrême droite.*

Un petit écu pour le Lorrain.

GARGAJAL, *à l'extrême gauche.*

Tenu.

LE DOCTEUR

Silence ! *(Aux deux champions.)* Êtes-vous prêts ? *(Signe affirmatif.)* Allez ! *(Combat — avec passes et phases diverses — à l'issue duquel Yanoz est terrassé par Callot qui lève le couteau sur lui.)*


## SCÈNE V

### LES MÊMES, DIAMANTE.


DIAMANTE, *sur le seuil de la porte de gauche.*

Arrêtez !... Grâce !... Pitié !

JACQUES

Rassurez-vous : je n'ai jamais frappé un ennemi à terre. *(A Yanoz.)* Allons, compère, jette ton joujou ! *(Mouvement de résistance du bohémien.)* Jette, te dis-je ! Jette donc ! *(Il lui serre le bras. Yanoz laisse tomber son couteau.*) Bien ! (*Il le lâche.*) Maintenant. va-t'en au diable.

YANOZ, *avec rage.*

Oh ! vaincu. terrassé, désarmé devant elle !

DIAMANTE, *allant à lui.*

Yanoz, il faut que je vous parle. (*Aux assistants.*) Qu'on nous laisse seuls. (*A Jacques.*) Allez, vous aussi. mon ami. (*Signe d'assentiment du jeune homme. Tout le monde sort.*)


# SCÈNE VI

## DIAMANTE, YANOZ, CHRISTIAN, *caché.*


CHRISTIAN, *qui. derrière la draperie de la porte de droite. a assisté au combat.*

Diable !... Ce jouvenceau est un mâle... Et il ne faudra rien moins que l'épée de mes deux sacripants de tout à l'heure pour le mettre hors d'état de nuire à mes projets. (*Il écoute tout ce qui suit en écartant de temps en temps la draperie.*)

YANOZ, *à Diamante.*

Vous voulez une explication ? (*Geste affirmatif de la jeune fille.*) Soit ; mais avant de m'adresser des questions. commencez par répondre aux miennes. (*Après un temps.*) Diamante, vous voici arrivée à l'âge où nos reines prennent un époux...

DIAMANTE

Yanoz, ce n'est pas une loi ; ce n'est pas un usage : c'est une habitude, voilà tout. Je m'inclinerais devant une loi ; je respecterais un usage ; mais il me sera permis. je pense. pour me conformer à une habitude. d'attendre le moment que je jugerai opportun.

YANOZ

Diamante, pourquoi ne voulez-vous pas de moi pour mari ?

DIAMANTE

Parce que vous savez bien que c'est impossible.

YANOZ

Impossible ?

DIAMANTE

Oubliez-vous que vous êtes mon frère aux yeux de la tribu, et que celle-ci me croit la fille de votre père ?

YANOZ

Eh bien, déclarons tous deux la vérité... Cessez de passer pour ma sœur; soyez ma compagne, et je jure que vous resterez la souveraine obéie, respectée de tous...

DIAMANTE

Non, je vous le répète : c'est impossible.

YANOZ

Pour quelle raison ?

DIAMANTE

Ne m'interrogez pas, de grâce !

YANOZ

Dites, au contraire !... Dites toujours !... Faites-moi comprendre que je vous suis odieux, que vous vous jouez de mon bonheur et de ma vie...

DIAMANTE

Non, vous ne m'êtes pas odieux : car vous êtes l'enfant de celui qui m'a élevée avec une tendresse paternelle... Je vous plains donc, et je vous aime: je vous aime comme un frère... Mais n'exigez jamais de moi autre chose que cette amitié ; c'est tout ce que je puis vous promettre, — et je ne promets que ce que je suis sûre de pouvoir donner.

YANOZ

Oui, j'entends... Je n'entends que trop... A moi l'amitié ; à un autre l'amour.

DIAMANTE

Que voulez-vous dire ?

YANOZ

Je veux dire que vous vous seriez peut-être laissé toucher par mes prières, par mes larmes, si certain cadet de Lorraine n'était venu se jeter entre nous... Je dis que vous l'aimez, cet artiste maudit, en dépit de vos serments... Vous, notre reine !... Lui, un chrétien !

DIAMANTE

Vous vous trompez ; je n'ai rien juré en acceptant la succession de votre mère. Mon cœur m'appartient, et j'ai le droit d'en disposer en liberté. Souvenez-vous, d'ailleurs, que je suis chrétienne, moi aussi, et que c'est Jacques qui est de ma race et moi qui ne suis pas de la vôtre !

YANOZ

Ainsi, vous l'avouez !... Vous aimez ce Lorrain !

DIAMANTE, *avec exaltation*.

Oui, je l'aime, et je l'avoue à la face du ciel... Je l'aime, parce qu'il ne ressemble en rien à tous ceux qui m'ont entourée jusqu'à présent... Parce qu'il est bon, parce qu'il est brave, parce qu'il est honnête, parce qu'il est juste... Parce que c'est un homme, enfin, et non point une bête sauvage aux instincts féroces ou rampants...

YANOZ, *frémissant*.

Diamante, ne me bravez pas ainsi !... Diamante, ne m'insultez pas ainsi !... La bête sauvage a crocs et griffes !

DIAMANTE

Oh ! je lis vos desseins sur votre front... Je vois votre

main qui cherche une arme à votre ceinture... Il n'y a
qu'un instant, vous avez provoqué celui dont nous parlons, et le succès n'a pas répondu à votre espoir... Au
moins, était-ce en plein soleil, devant moi, devant tous...
Mais maintenant, c'est la nuit que vous rêvez d'attendre
pour l'attaquer et le frapper en traître... A quoi cette lâ-
cheté vous avancera-t-elle?... Tout à l'heure quand vous
avez été vaincu, j'ai pu avoir quelque pitié pour vous; si
vous étiez vainqueur, cette pitié se changerait en haine...
Car, sachez-le bien, j'aime Jacques le Lorrain, et nul
autre que lui ne sera mon compagnon dans la vie.

CHRISTIAN, *derrière la draperie.*

Oh! mais ce jeune drôle est encore plus dangereux que
je ne l'imaginais.

YANOZ

Et vous l'aimerez toujours?

DIAMANTE

Tant que j'existerai.

YANOZ

Et s'il meurt?

DIAMANTE

Je mourrai.

YANOZ, *hors de lui.*

Je sens la patience qui m'échappe et la raison qui
m'abandonne... Par l'âme de ma mère! prenez garde!

DIAMANTE

A quoi?

YANOZ, *apercevant le couteau qu'il a laissé tomber
précédemment et le ramassant vivement.*

Je suis capable de vous tuer pour vous empêcher
d'être à un autre! (*Il marche sur elle, le bras levé.*)

DIAMANTE, *reculant.*

Mon Dieu !

CHRISTIAN

Un moment ! Je ne veux pas que... (*Il fait un mouve-ment pour intervenir.*)


## SCÈNE VII

### Les Mêmes, JACQUES.


JACQUES, *poussant du dehors la fenêtre du quatrième plan à gauche et apparaissant à mi-corps.*

Eh bien, quoi?... Qu'est-ce donc ?... On se chamaille?

CHRISTIAN

Le préféré ! (*Il reste derrière la draperie.*)

JACQUES, *enjambant prestement l'appui de la croisée et descendant en scène.*

Ah çà ! est-ce que, par hasard, quelqu'un ici aurait manqué aux égards que l'on doit à une femme ?

DIAMANTE, *allant à lui et lui prenant le bras.*

Monsieur Jacques, sortons...

YANOZ, *remontant.*

Restez : c'est moi qui vous cède la place. (*Gagnant le fond et menaçant.*) Roucoulez à loisir ce soir, mes tour-tereaux. Qui sait si vous aurez demain le temps de songer à ces mamours ?

JACQUES

Qu'est-ce à dire ? (*Il fait un pas vers le bohémien.*)

DIAMANTE, *l'arrêtant.*

Mon ami !...

YANOZ, *à Jacques.*

Nous nous retrouverons, bel amoureux. (*Ironiquement
à Diamante.*) Je salue Votre Majesté. (*Il sort par le
fond.*)


## SCÈNE VIII

LES MÊMES, *moins* YANOZ.


JACQUES

Que signifie? (*Courant à la jeune fille qui s'est laissée
tomber sur un siège.*) Vous pleurez? Qu'avez-vous? Ce
bandit...

DIAMANTE

Ce bandit a voulu me contraindre d'enchaîner mon
sort au sien...

JACQUES

Lui, votre époux!... Ah! par le ciel, vous ne serez pas
toujours là pour m'empêcher de le clouer au mur comme
un oiseau de nuit ou de l'écraser comme un reptile!

DIAMANTE

En attendant, demain je serai sous le coup des colères
et de la vengeance de ceux qui sont encore mes sujets
aujourd'hui.

JACQUES

Comment?

DIAMANTE

Ce secret que je vous ai confié, Yanoz le leur révélera,
et, quand ils apprendront que je ne suis pas la fille de
Pharam, ils ne me pardonneront pas de les avoir trompés... Messire Jacques, j'ai peur...

JACQUES

Peur?... Est-il possible?... Vous que j'ai connue si vaillante !

DIAMANTE

Leurs lois sont terribles, vous le savez... Ils me les appliqueront sans pitié... Ils me tueront !

JACQUES

Oh !

DIAMANTE

Ils me tueront, vous dis-je... Et, pourtant, je ne voudrais pas mourir sans savoir qui est cette femme à laquelle je fus enlevée : cette femme dont Pharam m'a parlé à son lit de mort, et qui est ma mère...

CHRISTIAN, *derrière la draperie.*

Ah ! elle sait...

DIAMANTE, *continuant.*

C'est pour moi un devoir sacré de la chercher à travers le monde ; seulement, pour la retrouver, il faudrait un miracle...

JACQUES, *gaiement.*

Eh bien, vous ne mourrez pas, le miracle se fera, et vous la retrouverez : j'en ai la certitude... En attendant, cessez de trembler... Vos sujets ne voudront plus de vous : prenez l'avance et brûlez-leur la politesse. Quittez-les en catimini. Partez sans retard et allez vous mettre de ce pas sous la protection de la justice...

DIAMANTE

Oui, j'avais pensé à tout cela... Mais qui m'aidera dans ma fuite ?... Je n'ai personne, je suis seule...

JACQUES, *avec reproche.*

Seule ?... C'est mal, ce que vous dites là... C'est très mal...

DIAMANTE

Expliquez-vous...

JACQUES

Personne?... Eh bien, et moi?... Et votre bon ami Jacques?...

DIAMANTE

Vous!...

JACQUES

Ne vous suis-je pas tout acquis?... Disposez de mon zèle, de mon bras, de mon épée...

DIAMANTE

Quoi! vous consentiriez à me suivre?...

JACQUES

Au bout du monde, s'il vous plaisait de m'y conduire... Et à pied encore!... Je suis marcheur!... Ah çà! est-ce que vous croyez que je me considère comme lié par tous les serments saugrenus que vous m'avez fait prêter quand vous m'êtes apparue comme un ange sauveur?... Mais je ne me suis affilié à cette bande de mécréants que parce que vous en étiez la reine!... Pour vous admirer de plus près; pour savourer à satiété le chant de votre voix, la caresse de vos yeux, les roses de votre sourire; et pour vous consacrer, enfin, cette vie que vous m'avez rendue!

DIAMANTE

Vous m'aimez donc?

JACQUES

Je ne sais pas si je vous aime, mais je sais que, pour moi, l'art, c'est vous; l'Italie, c'est vous; le bonheur, c'est vous!... Je sais que vous êtes mon espoir et mon avenir tout entiers... Je sais que pour vous, pour partager l'air que vous respirez, j'ai failli renier mon Dieu, mon nom, mon pays, ma famille!...

DIAMANTE

Oui, je sais bien que vous m'aimez... Pour le savoir, je n'ai pas eu besoin de l'entendre de votre bouche... Mais je n'ai ni patrie, ni parents, ni fortune...

JACQUES

Bon ! qui nous empêche de croire que vous êtes la fille d'un prince et d'une princesse ?

CHRISTIAN, *qui écoute toujours.*

Le drôle a du flair, sur mon âme !

JACQUES

Et puis, je travaillerai. Je travaillerai sans relâche. Je travaillerai avec profit, avec gloire... Mon cerveau est encore plus plein que mon carton de tous les types qu'il m'a été permis d'étudier dans cette bande. Toute cette histoire de la misère, de la gaieté italiennes jaillira en figures multiples de la pointe de mon crayon. Et je la transporterai du papier sur le cuivre. La gravure, voyez-vous, c'est l'écriture de la pensée de l'artiste... — Ainsi, c'est décidé : nous partons aujourd'hui...

DIAMANTE

Eh bien, oui : je me fie à votre loyauté...

CALLOT, *la serrant dans ses bras.*

Diamante ! ma chère Diamante !...

CHRISTIAN

Partir !... (*Il réfléchit.*)

DIAMANTE, *se dégageant.*

La journée s'avance. Il faut nous séparer. Gardons-nous d'éveiller les soupçons de mon peuple.

JACQUES

Quand vous rejoindrai-je ?

DIAMANTE

Dans deux heures : lorsque la nuit sera venue.

CHRISTIAN, *à lui-même.*

Bien.

JACQUES

Le lieu du rendez-vous ?

DIAMANTE

L'église de ce village reste ouverte aux pèlerins jusqu'à minuit : vous m'y trouverez en prière après qu'aura sonné l'angélus du soir. (*Elle remonte.*)

CHRISTIAN, *même jeu.*

A merveille !

JACQUES, *suivant la jeune fille.*

Et je m'y agenouillerai à vos côtés pour demander à la Madone de venir en aide à nos projets.

DIAMANTE, *au fond.*

Après l'angélus, à l'église. (*Elle s'échappe par le fond à gauche.*)

JACQUES

J'y serai. (*Il la suit des yeux en lui envoyant un baiser.*)

CHRISTIAN

Et moi aussi.

RIDEAU

# TROISIÈME TABLEAU

## LA FÊTE DE LA MADONE

La place du village entrevue au dehors du décor précédent.
Au fond, à droite, l'église élevée sur un perron praticable.
Au bas de ce perron, l'embouchure d'une rue qui va se
perdant dans la coulisse. Aux premiers plans, la terrasse extérieure de l'hôtellerie du deuxième tableau. A
gauche, aux premiers plans, l'installation des bohémiens
(consulter l'eau-forte de Callot) ou loge en toile avec tréteaux. Au troisième plan, une rue. Maisons italiennes avec
treilles. Boutiques foraines, baraques de bateleurs, caba-
rets en plein vent.

## SCÈNE PREMIÈRE

JACQUES, DIAMANTE, TOUS LES BOHÉMIENS, SEIGNEURS,
DAMES, SOLDATS, MARCHANDS, PAYSANS, PAYSANNES,
BATELEURS. — CHRISTIAN, YANOZ, GARGAJAL,
GORBAS, TARTAGLIA, FRANCISQUINE. *Au lever du
rideau, la place est couverte de monde. Tableau animé,
pittoresque et riche en couleurs d'une fête foraine italienne. Des gentilshommes et des dames se promènent
dans la foule. Des marchandes de fleurs, de gâteaux et
de rafraîchissements circulent à travers les groupes. A
gauche, sur les tréteaux, le Docteur débite ses drogues,
et Wiarda et Baïssa tirent les cartes et disent la
bonne aventure. Au bas des tréteaux, Jacques, assis sur
un pliant, son carton sur les genoux, fait des portraits*

*de paysans. Diamante est debout près de lui. A droite,
sur la terrasse de l'hôtellerie, parmi les buveurs que
servent Tartaglia et Francisquine, Christian, Yanoz,
Gargajal et Gorbas, assis à la même table, s'entretiennent à voix basse. Au milieu du théâtre, danseurs et
danseuses de Bohême.*

### BALLET

CRIS, *à la fin du ballet.*

La tarentelle! la tarentelle!

## SCÈNE II

LES MÊMES. — *Entrée joyeuse de paysans et de paysannes,
contadini et contadines.*

### TARENTELLE

*Les danseuses et les danseurs finissent par former une
farandole qui enfile la rue des derniers plans de droite.
— La foule les suit et remonte. Une partie entre dans
l'église. L'autre se disperse peu à peu. — Les bohémiens
— dont Jacques et Diamante — rentrent dans la baraque. — Christian, Yanoz, Gargajal et Gorbas quittent
la terrasse de l'hôtellerie où il n'y a plus que quelques
buveurs. Sur un signe de Christian, Gargajal et Gorbas
gagnent le fond et disparaissent dans la rue qui longe
l'église. Christian et Yanoz descendent en scène.*

## SCÈNE III

CHRISTIAN, YANOZ, *puis* DIAMANTE. *Pendant cette
scène, la nuit vient progressivement. Les vitraux de
l'église s'allument. Les derniers promeneurs et buveurs
achèvent de se disperser.*

CHRISTIAN, *à Yanoz, continuant une conversation
commencée.*

Réfléchissez que cette jeune fille ne vous aime pas;
qu'elle en aime un autre; que, dépouillée de sa royauté,
elle n'en devient que plus libre... S'il lui plaît d'aller
vivre ici ou là avec celui qu'elle a choisi, comment
ferez-vous pour la retenir?

YANOZ, *sombre.*

Eh! seigneur, je ne la perds pas moins si je vous aide
à devenir son mari!

CHRISTIAN, *haussant les épaules.*

Que vous importe, puisque je lui suis indifférent?
Puisque je ne veux être son mari que de nom? Puisque
j'entends ne l'épouser que devant l'église et la loi, et que
de toute sa personne, je ne réclame que sa main?

YANOZ

Ah çà! vous ne l'aimez donc pas?

CHRISTIAN, *froidement.*

Monsieur Yanoz, j'aime la fortune, j'aime les titres,
j'aime les honneurs. Voilà pourquoi j'ai décidé que cette
Diamante serait ma femme. En la ramenant aux parents
auxquels votre père l'a enlevée, j'aurai tout cela — et le
reste... Qu'elle soit jeune et séduisante, c'est le cadet de
mes soucis... Vous voyez qu'avec vous je joue cartes sur
table, et voilà une déclaration qui doit vous rassurer

pleinement à l'endroit de ce dont votre jalousie s'effarouche...

YANOZ

Oh ! si j'en étais certain, si vous consentiez à me jurer...

CHRISTIAN

Je ne jure rien. Je ne promets rien. Remarquez que je puis me passer de vous dans tout ceci. Un mot à l'oreille des gens de justice, et ce sont eux qui se chargeront de rendre cette enfant à sa famille...

YANOZ

Ne plus la voir !... C'est impossible !...

CHRISTIAN

Alors, mon cher, acceptez ce que je vous propose, puisque c'est le seul moyen de ne pas la quitter, puisque je vous emmène avec nous et puisque je fais de vous mon homme de confiance et le premier écuyer de la future baronne.

YANOZ

Par grâce, laissez-moi un moment... Laissez-moi penser... Laissez-moi me demander...

CHRISTIAN, l'interrompant.

Vous n'avez pas le temps. (On entend sonner l'angélus.) Ecoutez et regardez. (Il l'attire sous l'auvent de la terrasse. La nuit est tout à fait venue. Diamante, enveloppée d'une mante, se glisse hors de la loge des bohémiens ; elle traverse la scène et se dirige vers l'église.)

YANOZ, la reconnaissant.

Elle !... C'est bien elle ! (Diamante monte les degrés et pénètre dans l'église.)

CHRISTIAN, à l'oreille du gitano.

Son amant la rejoindra tout à l'heure, — et alors...

YANOZ, *brusquement.*

Où sont les chevaux ?

CHRISTIAN

Derrière la chapelle.

YANOZ

Et je serai près d'elle chaque jour, à toute heure ?

CHRISTIAN

Pardieu! c'est mon intérêt : où trouverai-je un plus vigilant gardien de mon honneur ?

YANOZ

Venez, alors : je suis votre homme. (*Il remonte et entre dans l'église.*)

CHRISTIAN, *allant à la terrasse.*

Holà, vous autres ! (*Francatrippa et Fritellino sortent de l'hôtellerie.*) L'homme dont je vous ai parlé va traverser cette place. (*Montrant la baraque.*) Il viendra d'ici pour se rendre là. (*Il montre l'église.*) Vous êtes payés : gagnez votre argent en conscience. (*Il suit rapidement Yanoz et entre derrière lui dans l'église.*)


## SCÈNE IV

JACQUES, FRANCATRIPPA, FRITELLINO. *Jacques sort de la baraque et se dirige vers l'église ; il rencontre les deux spadassins au milieu du théâtre et se heurte à Francatrippa.*


FRANCATRIPPA

Ventre d'hippopotame !... Cornes de rhinocéros !... Ecailles de crocodile !

FRITELLINO

Distinguons, que diable ! cher monsieur, distinguons !

JACQUES, *avec civilité.*

Pardonnez-moi ; je suis un peu pressé... (*Il veut continuer sa route.*)

FRANCATRIPPA, *l'arrêtant.*

Pressé? Oui-dà! Vous êtes pressé! Mais savez-vous qu'en vous pressant, vous m'avez heurté, moi: le cavalier Francatrippa, ex-capitaine de bombardiers au service de la sérénissime république?

JACQUES

Ma foi, croyez que je ne l'ai pas fait exprès et recevez mes excuses... (*Il fait mine de se dégager et de passer outre.*)

FRANCATRIPPA. *continuant à le retenir.*

Et si cela ne nous suffisait pas, mon jeune cadet?

FRITELLINO

Oui, si cela ne nous suffisait pas, à mon noble ami et à moi?

JACQUES, *avec impatience.*

Je vous répète que j'ai affaire... On m'attend...

FRANCATRIPPA

Prétexte! Stratagème! Mensonge!... Vous vous moquez, mon bel oiseau !... Mais il vous en cuira de chercher à nous faire voir des étoiles en plein midi !...

JACQUES

Hé! monsieur, il n'est point question d'étoiles : d'abord nous sommes plus près de minuit que de midi...

FRITELLINO

Distinguons, monsieur, distinguons : mon ami se sert d'une figure...

JACQUES

Eh bien, c'est une mauvaise figure...

FRANCATRIPPA

Une mauvaise figure !... J'ai une mauvaise figure !...
Ventre d'hippopotame ! il va pleuvoir des coups de ra-
pière !

JACQUES

En cas d'une averse de ce genre, c'est vous qui serez le
premier mouillé ; car vous avez cinq ou six pouces de
plus que moi.

FRANCATRIPPA

C'est-à-dire que je suis ridicule alors ?... Un monstre ?...
Un animal énorme, difforme, informe ?

JACQUES

Ce serait une injure gratuite : j'ai vu des éléphants
moins minces et des ours plus gracieux que vous.

FRANCATRIPPA, *dégainant.*

Une telle insolence !...

JACQUES

Voyons, une dernière fois, vous plaît-il de me laisser
passer ?... Non ?... Alors, bataille ! (*Il met l'épée à la
main.*)

FRANCATRIPPA, *bondissant en arrière.*

Que faites-vous ?

FRITELLINO, *même jeu.*

Que fait-il ?

JACQUES, *tombant en garde.*

Je vous attends, messieurs.

FRITELLINO

Un instant !... C'est une plaisanterie !

FRANCATRIPPA

Une trahison !

JACQUES

Comment ?

FRITELLINO

On vous avait donné à nous comme un être inoffensif
au premier chef.

FRANCATRIPPA

Plus facile à intimider qu'un lapereau ou un agneau.

FRITELLINO

Ne connaissant l'épée que de réputation...

FRANCATRIPPA

Et voilà que nous tombons sur un maître en fait
d'armes !...

FRITELLINO

Sur un matador !...

FRANCATRIPPA

Sur un gladiateur !...

FRITELLINO

Sur un héros !...

JACQUES, *mettant son épée sous le bras et prenant le
milieu.*

Ah çà ! vous n'êtes donc pas de féroces spadassins ?

FRITELLINO

Nous, spadassins ?... Nous, féroces ?... Distinguons :
d'abord, nous ne sommes pas Italiens... Nous sommes
Français, — tout ce qu'il y a de plus Français...

FRANCATRIPPA

Je ne m'appelle pas Francatrippa ; je me nomme Trophime Mirassou, — né natif de Marseille en Provence...

FRITELLINO

Je ne m'appelle pas Fritellino : je me nomme Ange-
Bénigne Caudebec, originaire de Falaise en Normandie...

FRANCATRIPPA

J'étais clerc chez un épicier...

FRITELLINO

Et moi chez un apothicaire...

FRANCATRIPPA

Nous avons quelquefois effrayé des poltrons ; mais nous n'avons jamais tué personne...

FRITELLINO

Et l'on nous a battus souvent, — sans que ça nous rapporte une pistole...

JACQUES

Alors, pourquoi cette mascarade ? Pourquoi cette comédie ?

FRANCATRIPPA

Je jouais les rodomonts dans la troupe du seigneur Scaramouche, et resté sans ressources sur la terre étrangère...

FRITELLINO

C'est comme moi, poussé ici par le hasard des voyages...

FRANCATRIPPA

Nous avions pris ce métier de pourfendeurs pour vivre...

FRITELLINO

Si encore nous en avions vécu !... Mais nous en mourions, voilà tout.

JACQUES

Mes compères, je me réserve de vous faire vivre dans mon œuvre. (*A lui-même.*) Et Diamante que j'oubliais ! (*Il remonte vivement de quelques pas ; puis, s'arrêtant.*) Un mot encore : quelqu'un vous avait donc chargé de me chercher querelle ?

FRITELLINO, *mystérieusement.*

C'est notre ami le baron de Sierk.

JACQUES

Quel baron de Sierk ?

FRANCATRIPPA

A cause de la jeune fille...

JACQUES

Quelle jeune fille ?

FRITELLINO

Celle que l'on va enlever...

FRANCATRIPPA

Et pour vous empêcher de vous mêler de la chose...

JACQUES

On va enlever une jeune fille ?

FRITELLINO

Dans cette chapelle, par la petite porte de la nef qui communique avec cette rue... (*Il montre la rue du fond à droite.*)

FRANCATRIPPA

Une bohémienne, la reine, puisqu'elle porte une couronne...

JACQUES, *bondissant.*

Diamante !... Enlever Diamante !... Mort de ma vie ! nous allons voir ! (*Il s'élance vers l'église.*)

VOIX DE DIAMANTE, *dans la rue de droite.*

Jacques !...

JACQUES, *au bas des degrés de l'église.*

Elle m'appelle !...

LA VOIX

Jacques !... Jacques !... A moi !...

JACQUES

C'est par là!... Me voici, Diamante, me voici! (*L'épée à la main, il va pour se précipiter dans la rue.*)

CHRISTIAN, *le pistolet au point, paraissant au haut des marches.*

On ne passe pas, mon maître. (*Il fait feu.*)

JACQUES, *portant la main à sa poitrine.*

Ah! bandit! (*Il s'abat tout d'une pièce. Francatrippa et Fritellino courent à lui. En ce moment, la farandole débouche de la rue de gauche et s'arrête à la rue du groupe.*)


RIDEAU


5

# ACTE TROISIÈME

## QUATRIÈME TABLEAU

### LA TERRASSE DE SAINT-GERMAIN

Au fond, le château. A droite et à gauche, massifs, allées,
statues, pelouses.

## SCÈNE PREMIÈRE

LE DUC D'ANJOU, BASSOMPIERRE, CHALAIS, MAR-
CILLAC, Dames et Seigneurs, *puis* un Page, LA REINE,
LA DUCHESSE DE CHEVREUSE, LE BARON DE
FÉNESTRANGE, MADAME DE LANNOY, Dames d'honneur, Pages. *Au lever du rideau, des seigneurs et des
dames sont groupés çà et là. D'autres se promènent au
fond. Dans un groupe à droite, — troisième plan, — le
duc d'Anjou (Gaston, Monsieur, frère du Roi), Bassompierre, Chalais, Marcillac. Un page entre par le quatrième plan de gauche.*

LE PAGE, *annonçant.*

La reine, messieurs. (*Gaston se détache du groupe et va au-devant d'Anne d'Autriche. Celle-ci entre derrière le page. Elle est suivie de Fénestrange (Christian de Sierk) et de la duchesse, qui causent ensemble ; de madame de Lannoy, grande-maîtresse de sa maison ; de deux dames d'honneur, et de deux autres pages qui portent des pliants. Les seigneurs se découvrent, se rangent et s'inclinent sur son passage.*)

GASTON, *saluant la reine.*

Madame, j'étais inquiet de vous, n'ayant pas eu, ce matin, l'avantage de vous rencontrer au petit lever de Sa Majesté... (*Il lui offre la main.*)

LA REINE, *descendant avec lui.*

Mon frère, j'étais allée, selon le désir du roi, commencer une neuvaine à la chapelle du Vieux-Château...

GASTON

Une neuvaine ?... Et pourquoi donc ?... Pour que le Tout-Puissant ouvre enfin les yeux aux malheureux qui ne connaissent ni la lumière du soleil, ni le rayonnement de vos charmes...

LA REINE

Point ; mais pour demander au ciel la grâce, qu'il nous refuse depuis si longtemps, de donner un fils à notre époux, un héritier à la couronne, un dauphin à la France.

GASTON, *souriant.*

J'entends : vous êtes allée solliciter vos juges contre moi.

LA REINE

Monsieur le duc !

GASTON

Eh! madame, je consens volontiers que vous gagniez votre procès (*Avec une malicieuse ironie.*) si Louis a, toutefois, assez de crédit pour cela.

BASSOMPIERRE, *aux seigneurs.*

Ventre-saint-gris! voilà un mot, qui, s'il est reporté à Sa Majesté Louis XIII, n'augmentera pas sensiblement la modique somme d'affection que celle-ci porte à son frère... *Les pages ont disposé deux pliants un peu à gauche. La reine s'assied sur l'un et fait signe à Monsieur de prendre place sur l'autre. Position des personnages à partir de l'extrême gauche : Fénestrange et la duchesse s'entretenant ensemble ; Anne d'Autriche et le duc assis ; derrière ceux-ci, un peu à l'écart, en remontant, madame de Lannoy et les dames ; les pages au fond ; à droite, Bassompierre, Chalais, Marcillac et les seigneurs.)*

GASTON, *à la reine.*

Votre Majesté a sans doute appris, comme moi, que Son Éminence a pris congé du roi hier en lui annonçant son intention de se retirer pour quelques jours dans sa petite maison de Rueil?

LA REINE

Oui, pour y soigner sa santé... M. de Richelieu est souffrant... Il le prétend, du moins...

BASSOMPIERRE

Quel diantre d'intérêt ce rusé compère peut-il bien avoir à être malade?

LA DUCHESSE

En attendant, nous respirons : quand les chats n'y sont pas, les souris dansent...

GASTON

Et vous tenez à danser, duchesse?

LA DUCHESSE

Monseigneur, c'est de notre âge ; et voici justement
M. de Fénestrange qui m'entretenait de son projet de nous
donner les violons et le bal dans son domaine de la
Loge...

GASTON

Ce domaine — dans une île de la Seine — où Charles IX frayait avec Marie Touchet...

FÉNESTRANGE, *passant près de la reine*.

Une fête masquée ; à l'italienne...

LA DUCHESSE

Avec quadrilles, ballets, intrigues et dominos...

FÉNESTRANGE

Si, toutefois, Sa Majesté la reine daigne approuver ce
divertissement — et l'honorer de sa présence...

LA REINE

Hélas ! baron, l'étiquette défendra peut-être à la reine
d'y prendre part ; mais la comtesse de Madrid — et vous
savez que c'est titre que nous prenons pour voyager incognito — vous promet d'y aller passer quelques instants...

BASSOMPIERRE, *brusquement*.

Harnibieu ! nous avons d'autres lièvres à courir qu'à
nous trémousser en musique... Il s'agit de faire face à
l'ennemi...

GASTON, *se tournant vers lui*.

Je ne vous comprends pas, maréchal...

BASSOMPIERRE

Vous ne comprenez pas, monseigneur, que je parle ici
du cardinal : de l'homme qui ne souffre de s'incliner ni
devant les droits de la noblesse, ni devant la majesté du
trône...

### MARCILLAC

Qui prétend nous rendre tributaires de ses caprices et esclaves de ses volontés...

### CHALAIS

Qui nous a tout pris enfin : la faveur du souverain, les grands commandements du royaume, les principales charges de l'Etat...

### MARCILLAC

Pour en doter ses créatures : les Rochefort, les Lambardemont, les Laffemas...

### GASTON, se levant.

Messieurs ! messieurs ! y songez-vous ?... Une conjuration ?... Un complot ?

### CHALAIS

Fi donc !... Une ligue tout au plus !... La nouvelle ligue du *Bien public*...

### GASTON, passant à droite.

A votre aise !... Seulement, je ne me mêle de rien... Je ne suis l'ennemi de personne...

### MARCILLAC

Alors, Votre Altesse épousera mademoiselle de Montpensier ?

### CHALAIS

Elle consentira à l'union que l'Eminence rouge lui impose ?

### GASTON

Hé ! ne suis-je pas habitué à toutes les persécutions, et ne savez-vous pas, comme moi, que, pour y loger ceux qu'il appelle des cabaleurs et des factieux, le ministre possède une hôtellerie d'Etat qui a nom la Bastille ?

BASSOMPIERRE, *bas à ses amis.*

Nous ne ferons jamais rien de cet homme. (*La reine se lève.*)

CHALAIS, *de même.*

Il nous faut un chef, cependant.

FÉNESTRANGE, *de même, à la duchesse.*

Cette pusillanimité...

LA REINE, *de même.*

Cette résignation...

LA DUCHESSE

Attendez. (*Prenant le milieu.*) En vérité, c'est grand dommage que monseigneur se soit ainsi décidé à accepter la femme dont le duc rouge a fait choix pour lui...

GASTON, *allant à elle.*

Et pourquoi cela, belle Marie? (*La reine s'est levée et est descendue à l'extrême gauche, d'où elle suit le reste de la scène. Les pages ont enlevé les pliants. Position : Anne d'Autriche ; plus haut, madame de Lannoy et les dames conversant ; Fénestrange, la duchesse, le duc d'Anjou, Bassompierre et les seigneurs.*)

LA DUCHESSE

Parce que j'ai justement un parti à lui proposer...

GASTON

Un parti?... Vous?... A moi?...

LA DUCHESSE

Un parti exceptionnellement avantageux dans les circonstances actuelles...

GASTON

Oui-dà?... Expliquez-vous, de grâce...

LA DUCHESSE

Votre Altesse me permettra de céder la parole à M. de
Fénestrange...

GASTON

Au nouvel écuyer de notre chère belle-sœur... Soit ;
approchez, monsieur. (*Le baron passe auprès du prince.*)

BASSOMPIERRE, *à Chalais.*

Qui est ce baron de Fénestrange ?

CHALAIS

Un hobereau du pays de Lorraine, arrivé en France
depuis peu, et que la reine a attaché à sa maison.

GASTON, *à Fénestrange.*

Vous désirez, dites-vous, m'adresser une question?...
Faites... Je suis prêt à vous répondre.

FÉNESTRANGE

N'est-il pas vrai que si Votre Altesse recule devant
l'idée d'engager la lutte contre le ministre de son au-
guste frère, — qui le supporte en le haïssant, — c'est
parce que l'issue de cette lutte peut paraître douteuse à
sa circonspection, à sa prudence... Tandis que, si, pour
combattre, monseigneur avait, au contraire, une armée,
de l'argent, des alliances... Tandis, surtout, que, s'il avait
pour lui un pays sûr, un asile inviolable, où il pût attendre, à l'abri des colères et des vengeances de Richelieu, le triomphe de ses partisans et la confusion de ses
ennemis...

GASTON

Dites : des ennemis de la couronne...

LA DUCHESSE, *bas à la reine.*

De cette couronne qu'il essaie en rêve toutes les
nuits...

GASTON

En effet, si j'avais tout cela...

FÉNESTRANGE, *vivement.*

Vous n'hésiteriez plus, n'est-ce pas, à arracher le roi et le royaume à la tyrannie qui les opprime tous deux et à reprendre au pied du trône la place qui convient au second fils du grand Henri... Eh bien, monseigneur, j'ai sous la main la femme qui vous apportera tout ce que vous pouvez souhaiter pour le succès... Oui, je suis en mesure de vous marier ici, avant huit jours, avec une princesse dont la dot sera celle d'une fille de sang royal et de maison souveraine...

GASTON

Me marier!... Vous!... Ici!... Avant huit jours?

FÉNESTRANGE

Avant huit jours. Demain, s'il le faut. Ce soir, s'il le fallait.

GASTON

Un vrai mariage?... Une vraie princesse?...

FÉNESTRANGE

Aussi vraie qu'elle est jeune et belle...

GASTON

Sur mon âme, c'est de la sorcellerie, et vous allez me dire... (*On bat aux champs dans la coulisse.*)

MADAME DE LANNOY, *redescendant, à la reine.*

Madame, le roi sort de ses appartements. (*Mouvement général.*)

GASTON

Le roi! (*Au baron.*) Silence, monsieur! Nous reprendrons cet entretien.

5.

D'ESTRANGE, *s'inclinant.*

... aux ordres de Votre Altesse. (*Gaston remonte.*)

LA DUCHESSE, *à la reine.*

Nous le tenons!

LA REINE

Vous avez fait merveille, baron. Allez maintenant que-
rir votre pupille. Je veux la présenter moi-même. (*Le baron sort par le deuxième plan à gauche.*)


## SCÈNE II

LES MÊMES, *moins* LE BARON, *plus* ABRAHAM FABERT
*et* JACQUES CALLOT, *puis* LOUIS XIII, MOUSQUETAIRES,
SUITE.


FABERT, *débouchant, à Callot. Une aile au deuxième
plan à droite.*

Peste! nous arrivons à temps, mon camarade : voici
Sa Majesté qui descend du château.

GASTON

Prenez vos rangs, messieurs. (*Prise d'armes des mousquetaires au fond. Les seigneurs se rangent à droite. Fabert et Callot à l'extrémité de la haie, au premier plan.
Les dames, à gauche, derrière la reine. La duchesse et
madame de Lannoy près d'elle, ainsi que le duc d'Anjou.*)

LE ROI, *arrivant par le fond et voyant son frère près
d'Anne d'Autriche, avec un mouvement d'humeur.*

Toujours ensemble! (*Haut.*) Je vous salue, mesdames...
Messieurs, nous chasserons demain en forêt. (*Il descend et
s'arrête devant Fabert.*) Ah! vous voilà, monsieur Fabert... Je suis aise de vous rencontrer... Vous êtes enfant de Metz, n'est-ce pas?

FABERT

J'ai cet honneur, sire.

LE ROI

Une ville qui produit de braves soldats!... N'avez-vous pas commencé par porter la pique dans le rang, pour, de là, conquérir tous vos grades à la pointe de l'épée?... Continuez à nous servir avec le même courage et la même fidélité, et ce sera bien l'aventure si vous n'êtes pas, un jour, chevalier de nos ordres...

FABERT, avec rondeur.

Ah! pour cela, sire, je ne crois pas...

LE ROI

Et pourquoi donc?

FABERT

Parce que, pour porter le collier, il faut avoir fait ses preuves de noblesse jusqu'à la quatrième génération, et que, pour ma part, je serais fort empêché de faire les miennes jusqu'à la seconde. (Avec résolution.) Mais, si jamais, pour éviter qu'une place, qu'un poste que le roi m'aurait confiés tombassent au pouvoir de l'ennemi, il me fallait mettre à une brèche ma personne, ma famille et tout ce que je possède, Dieu m'est témoin que je n'hésiterais pas une minute!

LE ROI

Capitaine, votre franchise me plaît. J'aurai soin de vous. Désormais, vous appartenez à ma maison.

JACQUES

Bravo, sire!

LE ROI

Hein?... Qui parle là?... Que dites-vous, monsieur?

JACQUES

Je dis, sire, je dis que c'est avec raison qu'on vous

appelle Louis le Juste ; car vous savez tenir compte de la
sincérité du langage, comme de la loyauté des cœurs.

LE ROI

Et qui êtes-vous, je vous prie ?

JACQUES

Je suis le graveur Jacques Callot, que Votre Majesté a
daigné mander de Nancy à sa cour, sans doute, pour lui
confier quelques travaux de son métier...

LE ROI, *se déridant*.

Dites : de votre art, messire Callot... Car il y a longtemps que le bruit de vos mérites a retenti jusqu'à Paris,
et que j'ai dessein d'en faire profiter mes États... Et, si
vous n'éprouvez aucune répugnance à besogner pour le
roi de France...

JACQUES

Sire, je me suis incliné devant les vertus de Louis le
Juste ; me voici prêt à célébrer la gloire de Louis le Vic-
torieux.

LE ROI

Une campagne se prépare contre les mutins de La Rochelle. J'en partagerai la direction avec M. le cardinal.
Vous nous accompagnerez : c'est votre burin que je
charge de reproduire les avantages et aussi les misères de
la guerre.

LA REINE, *s'approchant*.

Oui, c'est à votre talent, messire, que Sa Majesté remet
le soin d'immortaliser le succès des plans de M. de Richelieu.

LE ROI

Nous allions à vous, madame. Vous êtes venue à nous.
C'est une prévenance dont il faut vous savoir d'autant
plus de gré qu'elle est moins dans vos habitudes.

LA REINE

Votre Majesté n'a pas oublié qu'elle m'a autorisée à lui présenter une de mes nouvelles dames d'honneur et un de mes nouveaux gentilshommes...

LE ROI, *avec impatience.*

Va pour le gentilhomme et pour la dame d'honneur... Mais, pour Dieu, faisons vite... Il faut que j'aille de ce pas rendre visite à mes gerfauts, dont l'un est fort souffrant depuis ce matin. (*Il remonte.*)

LA DUCHESSE, *regardant à gauche.*

Les voici.


## SCÈNE III

LES MÊMES, FÉNESTRANGE, DIAMANTE. *Ils entrent par le deuxième plan à gauche. Diamante est en toilette de cour. Le baron lui donne la main.*


JACQUES, *l'apercevant.*

Elle !...

DIAMANTE, *de même.*

Mon Dieu ! (*Elle s'arrête.*)

FÉNESTRANGE

Qu'est-ce ? (*Il suit la direction du regard de la jeune fille.*) Le Lorrain !...

GASTON

Approchez, baron.

LA REINE

Mademoiselle de Fénestrange, approchez.

JACQUES, *à Fabert, à droite.*

Elle !... C'est elle, mon ami !... C'est elle !

FABERT

Qui, elle?

JACQUES

Diamante!... Cette bohémienne... Je t'ai conté mon
aventure... Tu sais, là-bas, en Italie... Celle que m'a enlevée un soir un certain Christian de Sierk, dont je ne connais pas le visage, mais dont je n'ai pas oublié le nom...

FABERT

Cette bohémienne?... Sous ces atours?... Est-ce possible?...

JACQUES

Je m'y perds, en vérité!... Mais c'est elle, j'en suis sûr,
c'est elle!... Va, je la reconnais aux battements de mon
cœur! (*Pendant cet échange de répliques, la présentation
a eu lieu au troisième plan. Celle-ci terminée, Anne d'Autriche et Diamante, après les révérences d'usage, se déta-
chent du groupe formé par Louis XIII, le duc d'Anjou et
Fénestrange. Ce dernier va pour suivre les deux jeunes
femmes. Le roi le retient du geste.*)

LA REINE

Duchesse, et vous, ma bonne Lannoy, je vous confie
mademoiselle de Fénestrange.

DIAMANTE, *qui, en redescendant, a rencontré le regard de
Callot, à part.*

C'est lui!... C'est mon bien-aimé Jacques! (*Elle tres-
saille et porte la main à sa poitrine.*)

JACQUES

Elle aussi, elle m'a reconnu!

LA DUCHESSE, *à Diamante.*

Qu'avez-vous, mon enfant?... Vous paraissez souf-
frir...

DIAMANTE

Oh ! ce n'est rien, madame... Une commotion subite...
Ici, au cœur... Mais c'est déjà passé...

MADAME DE LANNOY

La chaleur sans doute... Un siège ! (*Un page apporte
un pliant. On fait asseoir la jeune fille.*)

LA REINE, *à Callot.*

Messire, nous avons grande envie de vous mettre à l'é-
preuve...

JACQUES

Madame, faites état de moi : je suis vôtre...

LA REINE

On prétend que vous êtes passé maître en l'art de faire
danser sur le papier les scaramouches, les gilles et les tri-
velins à la manière italienne : vous siérait-il de nous donner un échantillon de votre talent ?

JACQUES

Mon Dieu, madame, veuillez croire que, si j'avais sous
la main ce qui m'est nécessaire pour déférer immédiate-
ment au désir exprimé par Votre Majesté...

LA REINE

Lannoy, vos tablettes ! (*La vieille dame les lui donne ;
elle les remet à Callot.*) Il ne s'agit que de quelques coups
de crayon sur l'un des feuillets détachés de ce *memento.*

JACQUES

Madame, je suis prêt à m'exécuter. (*Anne d'Autriche va
rejoindre la duchesse et Diamante, qui s'est levée à son approche. Elles causent, à gauche, pendant que Callot, à
droite, dessine en regardant Diamante de temps en temps.
Le roi, le duc d'Anjou et Fénestrange tiennent le milieu,
au troisième plan.*)

LE ROI, *au baron.*

Ainsi, l'on parle à l'étranger de nos chasses de Fontainebleau, de Vincennes et de Saint-Germain ?

FÉNESTRANGE

Si l'on en parle, sire ! Mais c'est-à-dire qu'on y répète unanimement que Votre Majesté n'a pas d'émule pour détourner le cerf sans jamais le méjuger ni au pied, ni aux fumées !

LE ROI

Vraiment ?

FÉNESTRANGE

Que personne ne sait mieux décider du choix de la bête, frapper aux brisées, attaquer, garder ferme la voie !

GASTON, *à demi-voix.*

Bravo !... Allez toujours !... Il paraît enchanté !

FÉNESTRANGE, *continuant.*

Enfin, qu'il n'y a qu'elle pour sonner du cor comme Nemrod et pour donner de la voix comme Stentor ! (*Avec humilité.*) Que le roi daigne m'excuser. Je ne suis ici qu'un écho. L'écho des maîtres en vénerie qu'il m'a été donné d'approcher...

CHALAIS, *à Bassompierre.*

Voyez donc comme Sa Majesté a l'air heureux !

BASSOMPIERRE

Pardieu ! cette langue dorée lui en donne pour son argent !

LE ROI

Baron, je suis ravi que nous ayons les mêmes goûts. (*Il lui prend le bras.*) Allons voir mes gerfauts. (*A Gaston.*) Suivez-nous, mon frère. (*A Fabert.*) Et vous aussi, capitaine. (*Aux assistants.*) Mesdames et messieurs, Dieu

vous garde ! *(Il sort par le fond à gauche avec Fénestrange, le duc d'Anjou et Fabert.)*

## SCÈNE IV

Les Mêmes, *moins* LE ROI, FÉNESTRANGE, GASTON
*et* FABERT.


JACQUES, *traversant la scène pour aller offrir les tablettes
à la reine.*

Voici, madame, mon travail terminé.

LA REINE, *s'avançant pour le recevoir, après l'avoir
examiné.*

Mais c'est un portrait. cela !... Voyez, duchesse !..
Voyez, mesdames !

LA DUCHESSE

Un portrait, en effet... Celui de mademoiselle de Fénestrange... Et fort ressemblant, sur ma foi !

PREMIÈRE DAME

Mademoiselle de Fénestrange en vêtement court !

DEUXIÈME DAME

Avec des colliers et des bracelets sauvages !

LA DUCHESSE

Et une couronne sur le front ! *(A part.)* Voilà qui est
bizarre !

MADAME DE LANNOY

Il est certain que l'on jurerait de l'une de ces filles
d'Egypte qui dansent dans les carrefours.

DIAMANTE, *à part.*

Il ne m'a pas oubliée !

LA REINE, *à Callot.*

Que signifie?...

JACQUES

Madame, j'ai voulu simplement prouver à Votre Majesté que mon crayon sait *attraper la ressemblance,* — comme on dit dans nos ateliers, — et faire, en même temps, œuvre d'imagination et de fantaisie... J'ai donc pris au hasard l'une des personnes présentes ; je me suis efforcé de reproduire ses traits aussi fidèlement que possible, et je l'ai habillée de mes souvenirs en lui donnant le costume de l'une de ces fées de Bohême qui me sont apparues à l'aurore de ma vie, dans l'éblouissement du soleil italien... Mais, si cet humble travail a le malheur de déplaire à la reine ou d'offenser celle qu'il représente, il est facile de le détruire et d'en recommencer un autre...

LA REINE, *vivement.*

Non pas! non pas! Ce dessin est charmant, et je le garde. *Se tournant vers Diamante.*) Je le garde pour en faire hommage à celle qui l'a inspiré. (*A Callot.*) Offrez-le-lui vous-même, messire ; ce sera votre récompense.

JACQUES

Ah! une récompense bien au-dessus de ce que je mérite. (*Passant près de Diamante, et lui présentant le dessin, avec émotion.*) Madame...

DIAMANTE, *non moins émue.*

Merci! (*Avec expression.*) Merci, monsieur Jacques! (*Jeu de scène entre Callot et Diamante.*)

LA DUCHESSE, *à gauche, à part.*

Cette émotion réciproque... Il y a quelque chose.

MADAME DE LANNOY, *prenant le milieu, avec une première révérence.*

J'ai l'honneur de rappeler à Votre Majesté qu'il est l'heure de son goûter.

LA REINE

Le goûter ?... Déjà ?... Vous devez vous tromper, ma bonne.

MADAME DE LANNOY, *avec une seconde révérence.*

J'ai l'honneur d'affirmer à Votre Majesté que je ne me trompe jamais dans l'exercice de mes fonctions. Il est trois heures moins deux minutes. Le goûter est servi à trois heures...

LA REINE

Eh bien, nous sommes en avance...

MADAME DE LANNOY, *avec une troisième révérence.*

J'ai l'honneur de faire observer à Votre Majesté qu'il nous faut trois minutes et demie pour aller d'ici au château. . Nous serons donc en retard, au bas mot. de deux minutes et d'une fraction...

LA REINE

C'est vrai. Vous avez raison. (*Aux dames.*) Allons, mesdames, nous rentrons. (*A Diamante.*) Vous nous accompagnerez, mignonne. Quoique vous ne deviez commencer que dans quelques jours votre service auprès de nous. nous vous gardons jusqu'à ce soir. (*Diamante, la duchesse et les dames remontent. A Jacques.*) Monsieur Callot. j'entends qu'au retour de la campagne, vous preniez vos quartiers au Luxembourg...

JACQUES

Tant de bontés !...

LA REINE

Au revoir. (*Elle lui tend la main qu'il baise avec respect.*) Venez, mesdames. Allons goûter. (*Elles sortent par le fond. En s'éloignant, Diamante se retourne pour regarder Jacques. Jeu de scène.*)

## SCÈNE V

JACQUES, *gagnant la gauche.* LES SEIGNEURS *descendant à droite.*

#### CHALAIS

N'est-il pas vrai, messieurs, que la nouvelle dame d'honneur vous semble comme à moi une personne accomplie ?

#### JACQUES

Ils parlent de Diamante.

#### MARCILLAC

Décidément, ce baron arrivera à tout.

#### JACQUES

Cet homme... Son mari peut-être... Oh ! il faut que je sache... (*Il s'approche du groupe.*) Messieurs, un renseignement, je vous prie...

#### CHALAIS

Nous sommes à votre service.

#### JACQUES

Ce gentilhomme qui tout à l'heure donnait la main à la nouvelle dame de la reine...

#### CHALAIS

Son tuteur...

#### JACQUES

Son tuteur... Ah ! c'est son tuteur...

#### MARCILLAC

Un de vos compatriotes, monsieur Callot ; car il est Lorrain comme vous...

#### BASSOMPIERRE

Eh ! pardien ! Je me rappelle, à présent... Lors de mon

séjour à la cour de Nancy, il y a dix ans, il y était fort
question de ce baron de Fénestrange comme d'un intri-
gant fieffé... Seulement, il n'avait encore pris ni ce nom,
ni ce titre : on l'appelait alors Christian de Sierk.

JACQUES, *avec un soubresaut.*

Christian de Sierk ! (*Aux seigneurs.*) Mille grâces !
(*On se salue. Les seigneurs remontent vers le fond, à
gauche. Passant à droite.*) Christian de Sierk !... Mon
homme au coup de pistolet !... Ah ! par ma foi, il va
falloir que nous réglions notre compte !

RIDEAU

# CINQUIÈME TABLEAU

## LE RETRAIT DE MARIE TOUCHET

Petite salle dans le goût du seizième siècle. Large porte au
fond. A droite, troisième plan, porte conduisant chez Diamante. Premier plan, lit de repos avec pile de carreaux.
A gauche, premier plan, une petite porte perdue dans la
muraille. Au deuxième, une table. Au troisième, une grande
fenêtre à vitraux coloriés. Sièges, meubles et tapisseries
du temps, avec la devise-anagramme de Marie Touchet :
*Je charme tout.*

## SCÈNE PREMIÈRE

FÉNESTRANGE, YANOZ. *Fénestrange est assis près de la
table. Yanoz, en habit de majordome, — velours noir*

*avec chaîne d'argent, — est debout devant lui. On en-*
*tend au lointain les fanfares de la chasse royale.*

FÉNESTRANGE

Tu m'as entendu et compris ?

YANOZ

Oui, seigneur.

FÉNESTRANGE

Et tu exécuteras mes ordres ?

YANOZ

Ne servent-ils pas ma haine aussi bien que la vôtre,
et ce Jacques Callot n'est-il pas notre pire ennemi à tous
deux, puisqu'elle n'a pas cessé de l'aimer ?

FÉNESTRANGE, *se levant et allant ouvrir la petite porte*
*du premier plan, à gauche.*

Te te tiendras derrière cette porte. Va. (*Yanoz sort par*
*la petite porte. Pendant que le baron referme celle-ci,*
*Gorbas — en livrée — introduit par le fond le duc d'An-*
*jou et madame de Chevreuse, tous deux en costumes de*
*chasse.*)


# SCÈNE II

## FÉNESTRANGE, GORBAS, LE DUC D'ANJOU, MADAME DE CHEVREUSE.


GORBAS, *montrant le baron.*

Voici mon maître.

FÉNESTRANGE, *se retournant.*

Son Altesse Royale et madame la duchesse chez
moi !... Un tel honneur !...

LA DUCHESSE, *descendant.*

Ne vous attendiez-vous pas à cette visite, baron ?

GASTON, *de même.*

Et ne pensiez-vous pas que je viendrais vous demander...

FÉNESTRANGE

De compléter les explications que j'avais commencé à donner hier à Votre Altesse : je suis prêt à la satisfaire. (*A Gorbas.*) Des sièges ! (*Quand le bohémien a obéi.*) Sortez ! (*Gorbas sort par le fond. La duchesse est allée se placer sur le lit de repos. Le duc s'assied au milieu ; le baron près de la table.*)

GASTON

J'ai hâte de rejoindre la chasse, où le roi mon frère n'aurait qu'à prendre ombrage de mon absence. Parlons donc net et bref, monsieur. Notre amie (*Il désigne madame de Cherreuse.*) m'a appris à la suite de quelles circonstances la fille aînée du duc Henri II de Lorraine et de la duchesse Marie de Gonzague fut enlevée voici tantôt vingt ans. Ce rapt eut lieu, paraît-il, à l'instigation et d'après les ordres du propre frère du duc...

FÉNESTRANGE

Oui, monseigneur : du comte François de Vaudémont, qui voulait, en faisant épouser la petite princesse Géralde à son fils Charles, assurer à ce dernier la succession au trône ducal... Mais, au lieu de remettre l'enfant au serviteur qui avait commission de la conduire au delà du Rhin, le bohémien, chargé de mener à bien cette criminelle entreprise, emporta dans sa fuite cette héritière de la couronne, qui devint plus tard reine de la tribu à laquelle son ravisseur appartenait...

GASTON

Mais c'est tout un roman !... Le *Cyrus* et la *Clélie* n'ont rien de plus surprenant ! (*Il se lève.*)

FÉNESTRANGE, *l'imitant*.

Un gentilhomme qui voyageait en Italie reconnut la jeune Géralde et réussit à l'arracher à cette détestable compagnie...

LA DUCHESSE, *assise*.

Par malheur, le temps avait marché, le duc Henri II était mort, et l'époux de sa seconde fille avait pris sans conteste possession du pouvoir. Le gentilhomme jugea alors inopportun de se rendre à Nancy. Il partit pour Paris, se présenta au Louvre et y fut reçu par une personne entreprenante et discrète, à laquelle il n'hésita pas à confier le secret de la naissance de celle qui passe pour sa pupille...

GASTON

Et cette personne entreprenante et discrète, je gage que c'est vous, duchesse...

LA DUCHESSE, *se levant*.

J'aurais mauvaise grâce à le nier : comme voici le gentilhomme qui a retrouvé dans la bohémienne Diamante l'enfant soustraite il y a vingt ans...

FÉNESTRANGE

Songez, monseigneur, que, si vous épousez la princesse Géralde, cette alliance avec l'héritière d'une province riche et belliqueuse entraînera derrière vous, dans votre lutte avec le cardinal, les forces de l'Allemagne entière...

GASTON

Monsieur, vous travaillez à votre fortune en aidant à la nôtre. (*Mouvement de joie du baron.*) Vous aussi, ma chère duchesse. Mais encore faut-il que ma future compagne consente à l'union projetée...

FÉNESTRANGE

Oh! Votre Altesse, quelle femme ne serait heureuse et fière de lier son sort à celui d'un fils de France, de l'homme qui a le pied sur les marches du trône ?

GASTON

Certes!... Certes!... Mais, enfin, êtes-vous sûr que son cœur est libre, qu'elle n'a d'attachement pour personne ?

FÉNESTRANGE, avec chaleur.

Sur mon âme...

LA DUCHESSE, l'interrompant et prenant le milieu.

Ne jurez pas, baron : vous perdriez votre âme !

FÉNESTRANGE

Comment ?

LA DUCHESSE

Avez-vous remarqué hier l'émotion de notre belle héritière à la vue de ce graveur lorrain à qui Leurs Majestés ont fait si bon accueil ?

GASTON

Maître Jacques Callot ?

FÉNESTRANGE, à part.

Elle s'est aperçue...

LA DUCHESSE

Le trouble de notre artiste n'était pas moins visible... Et je gagerais qu'ils se connaissent...

FÉNESTRANGE

Mon Dieu, madame, le fait que vous me signalez n'avait pas échappé non plus à ma clairvoyante surveillance...

6

### GASTON

Ah !

### FÉNESTRANGE

Il se peut qu'au cours de sa vie aventureuse, ma prétendue pupille ait rencontré ce gâte-toile ou ce gâte-papier... Il se peut qu'elle ait éprouvé pour lui quelque chose comme un caprice passager... Mais la duchesse d'Anjou oubliera promptement les fantaisies de la bohémienne Diamante. (*Il frappe sur un timbre: Gorbas entre par le fond.*) Priez mademoiselle de Fénestrange de se rendre ici sur-le-champ. (*Gorbas sort par la porte de droite; au duc d'Anjou.*) D'ailleurs, j'ai pris des mesures énergiques pour couper court dès aujourd'hui à cette passion, à cette intrigue...

### LA DUCHESSE

Que voulez-vous dire ?

### FÉNESTRANGE

Que, ce soir, nous n'aurons plus rien à craindre de ce Jacques Callot.


## SCÈNE III

### Les Mêmes, GORBAS, DIAMANTE, DJABEL.


GORBAS, *par la droite, annonçant.*

Mademoiselle de Fénestrange. (*Il se retire au fond.*)

FÉNESTRANGE, *allant à Diamante, qui a paru, avec Djabel, sur le seuil de la porte de droite.*

Venez, ma chère Géralde, venez présenter vos hommages à monseigneur le duc d'Anjou, qui a bien voulu nous faire la grâce de s'arrêter quelques moments en ce logis. (*Ils descendent.*

GASTON, *passant près de la jeune fille.*

Je tenais, mademoiselle, à protester auprès de vous de mon admiration fervente et de mon respectueux dévouement.

DIAMANTE, *saluant.*

Monseigneur !... (*Position des personnages à partir de la gauche : le baron, le duc d'Anjou, Diamante, la duchesse ; Gorbas près de la porte du fond ; Djabel près de celle de droite.*)

LA DUCHESSE, *à Diamante.*

Toujours plus charmante, mignonne !

DIAMANTE

Madame la duchesse me comble. (*On entend une fanfare.*)

LA DUCHESSE

La chasse se rapproche...

GASTON

Et moi qui oubliais que les instants me sont comptés ! (*A Diamante.*) Partir, quand tout me retenait ici ! Oh ! mais nous nous retrouverons bientôt...

LA DUCHESSE

Et vous apprendrez alors quelles hautes destinées vous attendent...

DIAMANTE, *à elle-même.*

Que signifie ?...

GASTON, *lui baisant la main.*

Au revoir, donc. (*Avec intention.*) Au revoir, duchesse. (*Mouvement de surprise de Diamante ; à Fénestrange.*) Baron, veuillez nous accompagner jusqu'à ce que nous ayons rallié la chasse : nous avons encore à causer. (*Gorbas ouvre à deux battants les portes du fond. Sortie de*

*Fénestrange, de Gaston et de la duchesse. Gorbas sort derrière eux.)*

## SCÈNE IV

**DJABEL, DIAMANTE.** *Djabel traverse le théâtre et va regarder à la fenêtre de gauche.*

DIAMANTE, *descendant à droite.*

Duchesse? De hautes destinées?... Ma pauvre tête se perd dans le mystère qui m'entoure. (*Elle se laisse tomber sur le lit de repos.*) Mais que me font à moi ces ténébreuses intrigues? (*Elle tire de son sein le dessin fait par Callot au tableau précédent.*) Mon portrait... C'est mon portrait... Signé de mon ami Jacques... Ah! Jacques, mon ami, maintenant que je vous ai retrouvé, je me sens confiante et rassurée comme au jour où je m'appuyai pour la première fois sur votre bras loyal... N'est-ce pas que vous m'avez aimée? N'est-ce pas que vous m'aimez encore? N'est-ce pas que vous m'aimerez toujours?... Quand on n'aime plus, retrace-t-on aussi fidèlement sur le papier une image effacée du cœur?

DJABEL, *venant à elle.*

Maîtresse!...

DIAMANTE, *sans l'entendre.*

Ah! cette image est éloquente! Elle me dit qu'il ne m'a pas plus oubliée, que je n'ai perdu son souvenir...

DJABEL, *insistant.*

Maîtresse, ils sont partis...

DIAMANTE, *sans comprendre.*

Partis?...

DJABEL

Le seigneur baron avec ceux qui étaient ici tout à l'heure, — et le cavalier peut venir...

DIAMANTE

Quel cavalier ?

DJABEL, *s'asseyant sur un coussin aux pieds de Diamante.*

Écoutez-moi, maîtresse : tout le temps que vous avez été notre reine et que vous vous êtes appelée Diamante, vous vous êtes montrée bonne pour moi, pour mon enfant, — et je n'oublierai jamais l'angoisse qui se lisait sur vos traits la nuit où la pauvre petite créature faillit périr dans ce gouffre de la montagne...

DIAMANTE, *à demi-voix.*

Ni moi non plus, je n'oublierai jamais cette nuit...

DJABEL

Plus tard, quand cette maison s'est ouverte pour nous, vous n'avez pas cessé de traiter comme des frères vos anciens sujets devenus vos serviteurs, et quand, parfois, souvent, je vous ai vue pleurer, j'aurais voulu racheter chacune de vos larmes au prix d'une goutte de mon sang... Car j'avais deviné le secret de votre souffrance... Aujourd'hui, vous ne souffrez plus, vous êtes forte, vous espérez : vous avez retrouvé l'absent...

DIAMANTE

Quoi ! vous savez...

DJABEL

Je sais que le destin vous a remise en présence de celui qui fut un moment notre compagnon... Je sais que vous brûlez de le revoir, de lui parler...

DIAMANTE

Oui, et de lui demander le conseil de son honnêteté et l'appui de son courage...

6.

DJABEL

Eh bien, j'ai décidé, moi, de vous réunir à celui que
vous aimez...

DIAMANTE, *allant à elle et lui prenant les mains.*

Vous !... Vous avez songé... Djabel, ma chère et brave
Djabel...

DJABEL, *avec embarras.*

Attendez !... Ne me remerciez pas encore ! (*A part.*) Il
faut, pourtant, que je joue mon rôle jusqu'au bout. (*Haut,
avec volubilité.*) Alors, voici ce que j'ai fait : j'ai dépêché
mon fils Snaïm à la ville... Il a découvert messire
Jacques... Il lui a parlé...

DIAMANTE

Et il viendra ?...

DJABEL

Il va venir, et tenez... (*Elle lui montre Callot qui a paru
sur le seuil de la porte du fond.*)


## SCENE V

LES MÊMES, JACQUES.


DIAMANTE

Jacques !

JACQUES

Diamante ! (*Ils courent l'un à l'autre.*)

DJABEL, *remontant rapidement, à part.*

Allons, le maître ne m'accusera pas de n'avoir pas
gagné mon argent. (*Elle sort par la porte de droite.*)

# SCÈNE VI

### JACQUES, DIAMANTE.

JACQUES

Enfin, vous m'êtes rendue!... Savez-vous qu'il y a cinq ans : cinq siècles !... Cinq ans que l'espoir de vous revoir m'a seul soutenu dans mes efforts, dans mes travaux!... Oui, depuis la nuit fatale où vous me fûtes ravie...

DIAMANTE

Et où je vous appelai en vain à mon secours. (*Mouvement de Callot.*) Oh ! je ne vous accuse pas, mon ami... Et je sais que si quelque puissance humaine...

JACQUES

Pardieu ! j'accourais à vos cris, quand un coup de pistolet me jeta sur le pavé, la poitrine trouée d'une balle...

DIAMANTE

Oh !...

JACQUES

Un coup de pistolet tiré par l'homme qui vous faisait enlever, par ce Christian de Sierk que l'on nomme aujourd'hui le baron de Fénestrange et qui se donne pour votre tuteur...

DIAMANTE

Lui !...

JACQUES

Ah ! j'ai bien failli rendre l'âme, et ce n'est pas la faute de ce traître si je suis encore de ce monde... C'est toute une histoire que je vous conterai plus tard... (*Il la conduit vers le lit de repos, sur lequel elle s'assied, et s'agenouille à ses pieds.*) Bref, on me ramassa, sanglant et mourant ; je fus soigné, je fus sauvé... Mais quand, trois mois plus tard, je me remis sur pied, impossible de retrouver vos traces, — et pendant cinq ans...

DIAMANTE

Pendant cinq ans, deux choses dans mon existence ont occupé ma pensée : vous revoir et savoir de qui je suis la fille... Car, si j'ai consenti à suivre le baron partout où il lui a plu de m'emmener ; si, ici, en France, je suis devenue l'esclave de ses ambitieuses volontés, c'est qu'il m'a engagé sa foi de gentilhomme qu'il me rendrait une famille, dont il se disait l'envoyé et le représentant...

JACQUES

Et vous avez pu avoir confiance en sa parole ?

DIAMANTE

J'y croyais jadis. Je n'y crois plus aujourd'hui... Des jours, des mois, des années ont passé, et je suis encore orpheline... Non, je ne le crois plus, je ne le comprends pas, et je tremble...

JACQUES

Vous ?...

DIAMANTE

Je tremble de n'être entre ses mains que l'instrument de quelque intrigue criminelle... Cette cour où il vient de me conduire ; ces personnes royales dont il m'a fait approcher ; l'accueil souriant de cette belle reine ; le poste que je vais occuper au milieu des plus nobles dames, — tout cela me paraît un rêve, tout cela m'épouvante, tout cela me donne le vertige... Mais vous voilà de retour, Jacques, et la confiance, le courage, l'espoir me sont revenus avec vous... Vous êtes honnête, vous êtes vaillant, et vous m'aimez...

JACQUES

De toute mon âme !

DIAMANTE, *brusquement.*

Eh bien, veux-tu fuir tous les deux? Au bout du monde? Je suis prête à te suivre...

JACQUES

Fuir?...

DIAMANTE

Autrefois, j'étais une enfant indécise et timide, — et c'était toi qui m'adjurais de quitter mon peuple de bandits... Aujourd'hui, c'est moi qui te prie... Ces gens qui m'entraînent dans le tourbillon de leurs projets m'inspirent une terreur plus profonde que jadis mes sujets, les compagnons de Pharam... Sans compter que Yanoz est ici...

JACQUES, *se levant.*

Yanoz dans cette maison?

DIAMANTE

Nous l'avons amené avec nous d'Italie, ainsi que quelques-uns des principaux de la tribu... Sous la livrée de majordome, il est devenu l'allié, le confident et le complice du baron... Et, pour humble et silencieuse qu'elle se soit faite, la passion dont il me poursuit n'en demeure pas moins capable de toutes les violences et de tous les crimes... Emporte-moi! Partons ensemble! Le rang, la naissance, la fortune, que m'importe!... Ah! la misère aventureuse des temps passés, pourvu que je la partage avec toi!... Géralde a cessé d'exister : c'est Diamante qui t'implore! (*Elle va à lui.*)

JACQUES

Soit, tu es à moi! Vienne le danger que tu redoutes, je saurai défendre mon bonheur. (*Il la prend dans ses bras.*) Ton sort est désormais le mien. Tout ce que l'avenir nous réserve nous sera commun à tous deux! Nous ne nous séparerons plus jamais, jamais, jamais!

## SCÈNE VII

LES MÊMES, FÉNESTRANGE, GORBAS, GARGAJAL,
DEUX VALETS, DJABEL, *puis* YANOZ.

FÉNESTRANGE, *sur le seuil de la porte de droite.*

En êtes-vous certain, monsieur Callot ? (*Deux valets et Djabel paraissent derrière lui à la porte de droite. Gorbas et Gargajal surgissent à celle du fond. Les deux amants se sont séparés vivement. Callot a reculé vers la droite, Diamante, vers la gauche. Djabel se glisse auprès d'elle.*)

JACQUES, *après un temps.*

Oh ! oh ! voilà qui m'a bien l'air d'un guet-apens !

FÉNESTRANGE

Croyez-vous ?

DIAMANTE

Mon Dieu !

FÉNESTRANGE, *à ses gens.*

Allez, mes braves ! *Gorbas, Gargajal et les deux autres valets s'avancent vers Callot.*)

JACQUES

Alors, bataille ! (*Il va pour tirer son épée ; mais Yanoz bondit hors de la petite porte de gauche et le saisit par derrière à bras-le-corps.*)

YANOZ

Vite, vous autres !... Des cordes !... Un bâillon ! (*Les quatre hommes se jettent sur Callot. Lutte violente. Callot est renversé sur la table et lié.*)

JACQUES

Ah ! bandits !...

DIAMANTE, *suppliante, à Fénestrange.*

Monsieur, par pitié!...

FÉNESTRANGE

Bàillonnez-le! (*On obéit.*)

DIAMANTE

Ah! c'est infâme! (*Elle chancelle et se renverse dans les bras de Djabel, qui la dépose sur le sopha. Callot est garrotté. On entend une fanfare lointaine.*)

FÉNESTRANGE

Vive Dieu! la bête était dangereuse, oui, vraiment. Mais elle ne fera plus de mal à personne, et nous pouvons sonner l'hallali aussi haut que les piqueurs du roi en la forêt de Saint-Germain.


RIDEAU


# SIXIÈME TABLEAU

## LE CAVEAU

Le théâtre est coupé en deux dans sa hauteur : en bas, un caveau; en haut, une galerie. Dans la partie inférieure, un pilier au milieu, formant clef de voûte; près du pilier, un escabeau; dans la muraille du fond, une meurtrière praticable. Dans la partie supérieure, en face du public, une balustrade en plein à hauteur d'appui; au fond, ouvertures en ogive donnant sur la Seine; la galerie se prolonge à droite et à gauche dans la coulisse. A gauche, un escalier qui descend dans le caveau. Demi-obscurité dans celui-ci. Clair de lune dans la galerie.

# SCÈNE PREMIÈRE

GORBAS, *dans la galerie; JACQUES, dans le caveau.*

GORBAS, *debout, regardant à ses pieds quelque chose qu'on ne voit pas et qui se trouve caché par la balustrade.*

Voilà ma besogne terminée. (*Il s'essuie le front avec sa manche.*) Une rude besogne!... Mais quoi! quand la conscience parle... Assurons-nous, maintenant, que les autres ne montent pas. (*Il disparaît un instant par la gauche.*)

JACQUES, *assis sur l'escabeau, adossé au pilier, les mains et les jambes liées.*

Ces malandrins m'ont jeté ici comme un paquet... Ont-ils donc l'intention de m'y laisser mourir?... La soif me dessèche la gorge; la faim me tenaille la poitrine... J'ai la fièvre... Tout à l'heure, quand j'essayais de m'endormir, un cri a retenti dans le silence de la nuit... un cri de femme... un cri déchirant et suprême.,. celui d'une créature humaine qu'on égorge...

GORBAS, *reparaissant dans la galerie.*

Rien encore par ici. (*Il désigne la gauche.*) Voyons à présent de ce côté... (*Il va écouter à droite.*)

JACQUES

Si c'était Diamante qu'on eût ainsi frappée... Oh! ne pouvoir la protéger et la défendre!... Ne pouvoir même en finir de suite en me brisant la tête contre ce pilier ou contre ces dalles!... Car ces liens qui m'entrent dans la chair paralysent mes mouvements comme ma volonté...

GORBAS

Rien non plus par là... Allons, il n'y a pas une minute à perdre... (*Il s'engage dans l'escalier.*)

JACQUES

Mais non : ces gens-là ont besoin de Diamante... Mon amour seul est un obstacle à leurs mystérieux desseins : voilà pourquoi ils m'ont muré dans cette tombe. (*Écoutant.* Oh! oh! qu'est-ce que cela?... Ce bruit de pas... On vient... C'est mon sort qui va se décider. *Gorbas pénètre dans le caveau et s'avance vers le prisonnier.*) Un des coupe-jarrets du baron. (*Gorbas tire un couteau de sa ceinture.*) Il va me poignarder... A la bonne heure!... Mon agonie sera moins longue et moins cruelle...

GORBAS, *se penchant sur lui.*

Ne parlez pas!... Ne bougez pas!... Il faut, d'abord, que je coupe les cordes qui vous emmaillotent. (*Pendant qu'il y procède.*) Me reconnaissez-vous?

JACQUES

Vous êtes un de ceux qui m'ont traîtreusement assailli...

GORBAS

J'exécutais les ordres du maître... Mais nous nous sommes vus autrefois... Quand vous étiez des nôtres...

JACQUES

Des vôtres?...

GORBAS

Vous rappelez-vous le jour de votre arrivée dans la montagne? Vous rappelez-vous l'enfant que vous êtes allé chercher au fond d'un ravin où il serait resté sans vous, sans votre courage?...

JACQUES

C'est vrai : j'avais oublié...

GORBAS

Je me souviens, moi. (*Il se redresse.*) Voilà qui est fait...

JACQUES, *se levant.*

Ah!...

GORBAS

Êtes-vous capable de vous tenir sur vos jambes?

JACQUES

Dame! quand je me les serai dégourdies...

GORBAS, *prêtant l'oreille.*

Silence! (*Il lui tend un flacon.*) Prenez et buvez. C'est du vin d'Espagne que j'ai dérobé pour vous à l'office. Il vous faut des forces pour fuir...

JACQUES

Fuir!...

GORBAS

Silence donc! (*Il écoute de nouveau.*) Cette fois, ce sont eux. Demeurez immobile. Retenez votre souffle. Quoi que vous entendiez là-haut, pas un mot, pas un signe, jusqu'à ce que je revienne près de vous. Votre salut est à ce prix. (*Il remonte rapidement l'escalier.*)

JACQUES, *après avoir bu.*

Me voilà tout ragaillardi!... Pardieu! si cet honnête sacripant me fait sortir d'ici, je vote à mon saint patron un cierge gros comme le maître-mât d'un vaisseau-amiral...

## SCENE II

Les Mêmes, YANOZ *et* GARGAJAL, *dans la galerie.*

YANOZ, *qui arrive par la droite, suivi de Gargajal,*
*à Gorbas.*

Où est-il?

GORBAS

A tes pieds : regarde.

YANOZ

Pourquoi ne m'as-tu pas attendu? J'aurais voulu voir
sa dernière grimace...

GORBAS

Pourquoi t'aurais-je attendu? Le maître m'a ordonné de
frapper. Il ne m'a pas ordonné de l'attendre.

YANOZ, *se penchant et regardant.*

Qu'il est petit!

GORBAS

Tu le trouves petit parce que tu n'en as plus peur : tu
le trouvais plus grand quand tu tremblais devant lui.

YANOZ

Vous savez ce qui vous reste à faire. (*Il passe à gauche.*
*Les deux autres se baissent et prennent sur les dalles, où il*
*se dissimulait derrière la balustrade, un sac dans lequel se*
*dessinent les formes d'un corps.*) A l'eau, comme un chien
crevé! (*Gorbas et Gargajal jettent le sac par l'une des*
*ouvertures du fond.*)

JACQUES, *dans le caveau, tressaillant.*

On dirait qu'un corps vient de tomber dans la rivière...

YANOZ, *aux deux bohémiens.*

Suivez-moi, vous autres. (*Il sort par la gauche.*)

GORBAS, *à Corpajou.*

Passe devant : je vais fermer le caveau. *(disparaît [...]
rière Yanoz)*

# SCÈNE III

GORBAS *et* JACQUES, *dans le caveau.*

GORBAS, *redescendant précipitamment.*

Vite, messire, vite!

JACQUES

Me voici!

GORBAS, *lui montrant la meurtrière.*

Pouvez-vous vous glisser par cette meurtrière?... Oui,
n'est-ce pas?... Le fleuve coule au bas... Savez-vous
nager?

JACQUES

Comme un poisson.

GORBAS

Partez, alors!... Le bout vous [...]

JACQUES

Mais ce bruit de chute... de plongeon... N'a-t-on pas
d'une jeté quelque chose, tout à l'heure, de là [...] dans
la Seine?...

GORBAS, *le poussant vers la meurtrière.*

Oui : un sac...

JACQUES, *tressaillant.*

Et il y avait quelqu'un dans ce sac?...

GORBAS

Non... [...] J'vais contrôle [...]

vers vous. Je la paye. Nous sommes quittes... Mais
encore une fois, parlez !

JACQUES

Et vous, encore une fois, merci ! (*Il lui tend la main.
Le bohémien fait un mouvement pour lui donner la sienne.
Puis il la retire vivement.*) Il y a du sang sur votre
main !... Qui avez-vous tué à ma place ?

GOLBAS

Nos pères nous ont fait une loi de la reconnaissance.
Vous aviez sauvé mon fils Snaïm, et Djabel, ma femme,
vous avait vendu. Je vous sauve et j'ai puni ma femme
en la frappant. Je vous le répète : c'est la loi.


RIDEAU

# ACTE QUATRIÈME

## SEPTIÈME TABLEAU

### LE CABARET DE L'ORME DE SULLY

Une salle de cabaret ouverte au fond sur la berge de la
Seine : par delà, la perspective du château de Saint-Germain. — Porte à gauche au deuxième plan. — Grande
cheminée à droite. — Tables et chaises de chaque côté. Au
lever du rideau, Francisquine met le cabaret en ordre.

## SCÈNE PREMIÈRE

### FRANCISQUINE, *puis* JACQUES

FRANCISQUINE, *chantant.*

Il s'en va, mon cruel vainqueur,
    Il va chercher la gloire ;
Il s'en va, méprisant mon cœur,
    Sa plus noble victoire ;
Et malgré toute sa rigueur
    J'en garde la mémoire.

*(Pendant que Francisquine chante le deuxième couplet, Jacques monte du fleuve sur la berge et se dirige vers le cabaret en se secouant. Francisquine, continuant de chanter :*

> Je m'imagine qu'il prendra
>     Quelque nouvelle amante ;
> Mais qu'il fasse ce qu'il voudra,
>     Je suis la plus galante.
> Le cœur me dit qu'il reviendra,
>     C'est ce qui me contente.

JACQUES, *entrant sur le dernier vers.*

Brrr !

FRANCISQUINE, *se retournant et le dévisageant.*

Ah ! Santissima Madona ! Eh bien, en voilà une rencontre ! Comment, messire Jacques, c'est vous ?

JACQUES, *la regardant.*

Vous me connaissez ?

FRANCISQUINE

Ah çà ! vous ne me remettez donc pas ? Francisquine, la signora Francisquine... de l'auberge... là-bas... en Italie, près de Florence... où vous étiez descendu avec ces bohémiens pour la fête de la Madone... Mais d'où sortez-vous, *porero ?*

JACQUES

Je sors de la rivière, parbleu !

FRANCISQUINE

De la rivière ? (*Se frappant le front.*) J'y suis. Je devine. Une aventure d'amour. Un rendez-vous dans une maison riveraine... Le mari qui survient... Le mari, le père ou le tuteur... Fuite et plongeon par la fenêtre...

JACQUES

Ma bonne dame, je ne vous cacherai pas qu'on est très

raîchement dans la Seine et que j'ai grand besoin de me sécher l'extérieur et l'intérieur...

FRANCISQUINE, *sans l'écouter.*

Mon digne oncle Tartaglia s'était ruiné à faire crédit à le mauvais payeurs... J'ai commencé par le quitter et par m'en venir à Paris où l'on m'avait dit que les écus de six livres valent un louis d'or entre les mains d'une jolie femme... J'y ai prospéré, et comme je ne suis point une ingrate, j'ai mandé mon oncle auprès de moi et j'en ai fait mon premier garçon...

JACQUES

Ma commère, je suis transi et je meurs de faim...

FRANCISQUINE, *le regardant.*

Savez-vous que vous êtes encore plus joli homme qu'autrefois ? Moi, je n'ai pas changé, n'est-ce pas ?... J'ai peut-être un peu engraissé. *Montrant son corsage.* Oui, tout cela est à moi !... Et le reste aussi. On peut tâter...

JACQUES

De grâce, faites-moi allumer du feu et servir quelque chose à boire et à manger.

FRANCISQUINE

Tout de suite, tout de suite... Holà, Tartaglia !... Mon oncle !

## SCÈNE II

### LES MÊMES, TARTAGLIA

TARTAGLIA, *entrant par la gauche.*

Voilà, ma nièce, voilà. *Apercevant Jacques.* Tiens, le Lorrain de quand j'étais poltron !...

FRANCISQUINE, *à Tartaglia.*

Appelez-moi patronne. (*A Jacques.*) Je ne suis pas encore mariée... Se sacrifier à un seul homme me paraît le
comble de l'égoïsme... Cependant, si je trouvais un parti
convenable...

JACQUES, *allant s'asseoir à droite, à part.*

Peste soit du tic-tac de ce moulin à paroles !

FRANCISQUINE, *le suivant.*

On gagne de l'or en barre dans cet établissement...
Sans compter d'autres bénéfices... Je travaille dans la
politique, avec M. de Rochefort.

TARTAGLIA, *la tirant par sa jupe.*

Chut, ma nièce, de la prudence.

FRANCISQUINE

Appelez-moi patronne. (*A Jacques, poursuivant.*) Je ne
suis pas bavarde, Dieu merci ! Sans cela je vous dirais
qu'en écoutant de ci, de là — car j'ai l'oreille fine — ce
qui se dit à voix basse... Voilà mes petits profits... Et en
rapportant ce que je découvre à ceux qui ont intérêt à le
savoir... Les secrets sont la fortune des gens qui n'en ont
pas...

JACQUES, *avec impatience.*

Encore une fois, vous plaît-il de me faire servir, oui ou
non ?

FRANCISQUINE

A l'instant !... Mon oncle, un fagot dans l'âtre !... Un
couvert près du feu.

TARTAGLIA, *la tirant à gauche, à voix basse.*

Mais tu n'y penses pas, petite... Et M. de Rochefort que
tu attends !... M. de Rochefort qui va venir !

FRANCISQUINE, *à Tartaglia.*

C'est vrai. (*Après un instant de réflexion.*) On servira

messire Jacques dans ma chambre. (*Revenant à Callot.*)
Messire Jacques, s'il vous plaît de suivre mon oncle,
vous allez avoir tout ce que vous pouvez souhaiter...
Avec le meilleur vin de sa cave.

JACQUES, *se levant et passant à gauche.*

Allons ... !

[illegible]

Le meilleur vin... Mais je ne l'ai pas, moi, la clé de la
cave.

FRANCISQUINE

Le plus souvent que je vous la confierai!... Pour en
abuser, vieux Bacchus!... Passez devant : j'y vais moi-
même : et appelez-moi patronne.

TARTAGLIA

Oui, ma nièce. *Ils sortent tous trois par la gauche.*


## SCÈNE III

RICHELIEU, *en habit de cavalier.* ROCHEFORT.
MIRASSOU, CAUDEBEC.


ROCHEFORT, *du seuil, à Mirassou et à Caudebec qui
restent en dehors.*

Demeurez là, vous autres, et qu'on nous avertisse si
quelque fâcheux se dirigeait de ce côté. *Les deux hommes
saluent profondément et disparaissent. Richelieu prend
le bras de Rochefort et descend la scène avec lui.* Ainsi,
Votre Éminence compte toujours partir sous peu pour La
Rochelle ?

RICHELIEU

Y voyez-vous quelque empêchement, comte ?

ROCHEFORT

Aucun, monseigneur, si ce n'est qu'il n'est guère prudent pour un général d'armée de s'aventurer en avant sans avoir au préalable assuré sa retraite... Vous avez fait une étude trop sérieuse des procédés de la guerre pour n'être pas comme tout le monde pénétré de cette vérité.

RICHELIEU, *qu'il s'est attaché à considérer attentivement.*

Rochefort, expliquez-vous sans parabole. Il y a du nouveau. Ce n'est pas sans un motif sérieux que vous m'avez fait lever si matin et revêtir cet habit de cavalier pour m'amener dans cette taverne campagnarde...

ROCHEFORT

En effet, monseigneur ; il y a... un complot : quelque chose comme ce qui fut tramé à propos de Concini entre le roi et Luynes.

RICHELIEU, *allant s'asseoir à droite.*

Oh ! je ne suis pas le maréchal d'Ancre... Mon règne commence et il n'est pas près de finir... On ne tue pas comme cela les gens qui ont une mission à remplir.

ROCHEFORT

Monseigneur, le grand-prieur de France et le duc de Vendôme sont du complot.

RICHELIEU

Les bâtards du feu roi ?

ROCHEFORT

Et l'Espagne aussi. Sans compter la Lorraine dont il paraît que le duc d'Anjou va épouser une princesse.

RICHELIEU, *se levant brusquement, passant devant*
*Rochefort et gagnant la gauche.*

Épouser une princesse de Lorraine !... Lui !... Gaston !... Sans l'assentiment du roi !... Sans le mien !...

*Marchant avec agitation.* Quelle princesse, d'abord ? Il n'y en a pas à marier... Je ne vois que la princesse Marguerite, la sœur cadette de Charles IX... Elle doit encore jouer à la poupée.

ROCHEFORT, *après un temps.*

Votre Éminence connaît-elle un certain baron de Fénétrange ?

RICHELIEU

Il doit se rencontrer un fief de ce nom, quelque part, là-bas, aux environs de Metz.

ROCHEFORT

Ce gentilhomme habite, dans l'île de la Loge, l'ancien nid de Marie Touchet. Il est à l'entière dévotion de la Chevreuse et de la reine. Avec lui vit une belle fille qu'il fait passer pour sa pupille... C'est dans son logis que se réunissent en secret tous les ennemis de Votre Éminence, et c'est de là qu'un messager a dû partir hier pour porter une lettre du maréchal de Bassompierre à M. le duc de Vendôme.

RICHELIEU

Rochefort, il faut qu'à tout prix vous me procuriez cette lettre.

ROCHEFORT

J'y ai avisé, monseigneur, et j'ai aposté sur le chemin du messager...

RICHELIEU

Une demi-douzaine d'hommes d'armes...

ROCHEFORT

Point : une belle fille d'Italie, la signora Francisquine... Des yeux noirs qui n'en finissent pas... Et une coquinerie comme les yeux... La maîtresse de ce cabaret...

RICHELIEU

Et alors ?

ROCHEFORT

Vous allez la voir, monseigneur, et la fine mouche vous apprendra elle-même si elle a réussi. (*Il frappe sur une table.*)


## SCÈNE IV

### Les Mêmes, FRANCISQUINE.

FRANCISQUINE, *paraissant sur le seuil de la porte de gauche.*

M. de Rochefort.

ROCHEFORT

Approche. (*Il s'est placé devant Richelieu qui est allé se rasseoir à droite.*) Ce jouvenceau... ce page du châtelain de l'île de la Loge de qui je t'avais chargé d'obtenir...

FRANCISQUINE

J'ai obtenu, monseigneur... Ce que femme veut, Dieu le veut... quelquefois — et le diable toujours. Le page a passé par ici en se mettant en route ; c'est moi qui lui ai versé le coup de l'étrier et, ma foi, la rasade a duré jusqu'à ce matin.

ROCHEFORT

La lettre ?

FRANCISQUINE, *la tirant de son corsage.*

La voici... Si votre Seigneurie est contente, j'espère qu'elle n'oubliera pas que c'est pour ma dot que je travaille...

ROCHEFORT

Tout à l'heure. (*Il lui fait signe de s'éloigner. Elle remonte et reste quelque temps au fond. Rochefort passe derrière la table près de laquelle le cardinal est assis et présente la lettre à celui-ci qui l'ouvre précipitamment.*)

RICHELIEU, *regardant la signature.*

C'est bien de Bassompierre. Ce pauvre maréchal est bien jeune pour son âge. Comment n'a-t-il pas réfléchi que la Bastille est un séjour malsain pour les vieillards et comment tous ces gens ne se sont-ils pas dit que les taches de sang ne se voient pas sur la robe de l'Éminence... Et... *Lisez...* Mais... ... .....

... mais trompés et la tête... cette confiance que vous nous faites de votre précieux concours dans la guerre qui éclatera sous peu de jours. Car c'est bien véritablement une guerre qui se prépare pour le renversement de notre ennemi commun. L'Espagnol est avec nous. Aussi le Lorrain. L'alliance prochaine et certaine de Mgr le duc d'Anjou avec une personne qui a des droits incontestables à la cour de Nancy nous garantit de la façon la plus formelle l'appui du duc régnant.

ROCHEFORT

Votre Éminence entend : l'alliance prochaine et certaine... les droits incontestables... la cour de Nancy.

RICHELIEU, *continuant de lire.*

« Dans un dernier conseil qui sera tenu dans huit jours, l'instant de l'entrée en campagne sera définitivement fixé. Ce conseil aura lieu à minuit, dans l'île de la Loge, près Saint-Germain, au logis du sieur baron de Fénestrange, l'un de nos adhérents. Vous voudrez bien envoyer une personne de confiance, avec commission de vous représenter et de vous transmettre les dispositions décisives qui y auront été adoptées. Cette personne sera reçue sur l'échange du mot de passe : *Paris-Nancy.* Elle devra en outre se couvrir le visage du masque de velours noir à liséré de satin blanc et porter sur l'épaule le nœud de ruban écarlate qui vous seront remis par le présent messager. Ce masque sera gardé, pendant toute la

séance, par chacun des membres présents. On ne saurai[t],
en effet, prendre trop de précautions avec un adversair[e]
tel que le nôtre. » *(Serrant le papier dans son pourpoint.)*
Voilà qui sera mis en temps et lieu sous les yeux du roi
et des juges. *(A Rochefort.)* Vous avez le masque et le
nœud de ruban ?

ROCHEFORT, *p...*

Francisquine ! *(Elle redescend à gauche.)* Tu as sans
doute quelque chose à me remettre ?

FRANCISQUINE, *lui remettant le masque et le nœud
de ruban.*

Ceci, monseigneur.

ROCHEFORT, *lui donnant une bourse.*

Prends et laisse-nous.

FRANCISQUINE, *lui faisant une profonde révérence.*

Grand merci, monsieur le comte. Voilà qui arrive à
propos. On dit que les maris sont hors de prix cette année.
*(Elle sort par la gauche.)*

ROCHEFORT, *allant à Richelieu.*

Voici les deux objets, monseigneur.

RICHELIEU, *les prenant.*

Bien.

ROCHEFORT

Votre Éminence veut-elle me permettre de lui exprimer
humblement mon avis sur le cas qui nous occupe ?

RICHELIEU

Oui, certes. Parlez, comte. Vous êtes de bon conseil et
ce n'est sûrement point votre faute si nous n'avons point
réussi dans l'affaire des ferrets donnés à Buckingham.

ROCHEFORT

Je prétends que la réunion dont il est question dans la

...aire du maréchal au duc César pourra seule ... us Pris...
le mot de l'énigme que nous cherchons à deviner.

### RICHELIEU

Eh! pardieu, je n'en doute pas plus que vous. Aussi est-il de toute nécessité que nous ayons un homme sûr, adroit et prudent, pour remplir le personnage de l'envoyé de M. de Vendôme... Et tenez, j'avais en instant songé à vous confier...

### ROCHEFORT

Grand merci, monseigneur. Mais Votre Éminence réfléchira que j'ai approché de trop près et trop souvent les personnes qui composeront cette réunion pour qu'elles ne me reconnaissent pas en dépit de toutes les précautions, de tous les déguisements et de tous les masques... Vous admettrez pareillement qu'une fois reconnu, du diable si je sortirais vivant de ce repaire... Or, je ne suis pas disposé de si tôt à priver Votre Grandeur de mes services...

### RICHELIEU

Il est constant que je tiens beaucoup à vous, comte...

### ROCHEFORT

Oh! pas plus que moi, monseigneur!

### RICHELIEU

Il me faudrait un homme absolument étranger à la cour...

### ROCHEFORT

Et pas assez indispensable pour qu'il ne fût point impossible de le sacrifier au besoin.

### RICHELIEU, *pensif*.

Attendez... Ces deux pauvres diables que nous avons laissés dehors.

ROCHEFORT

J'y songeais, monseigneur, et tous deux me paraissent
réunir les conditions exigées...

RICHELIEU, *se levant.*

Votre bras, comte, nous rentrons... Je donnerai en
route mes instructions à ces drôles. *(Ils sortent par le
fond.)*


## SCÈNE V

### FRANCISQUINE, JACQUES.


FRANCISQUINE, *entrant la première par la porte de
gauche.*

Ils sont partis. *(A Jacques qu'on ne voit pas.)* Vous pouvez passer par ici, messire Jacques, puisque vous voilà
maintenant séché, réchauffé, réconforté.

JACQUES, *entrant.*

Alors, ma mie, vous dites que pour rentrer à Saint-
Germain...

FRANCISQUINE

Il n'y a qu'à prendre le bac et traverser la Seine. *(Elle
le conduit au fond et lui montre la gauche.)* Tenez, là,
près de l'Orme de Sully, sous lequel le ministre du roi
défunt aimait à venir se reposer, lorsque son maître était
au Château-Neuf... L'Orme de Sully qui a donné son
nom à cet établissement...

JACQUES, *regardant.*

Eh mais, ces deux hommes qui s'entretiennent là-bas
avec ces deux promeneurs, auprès du bac.

FRANCISQUINE

Eh bien ?

JACQUES

Il me semble que je les connais

FRANCISQUINE, *redescendant avec lui.*

*Per Dio!* Puisque ce sont d'anciennes connaissances... Vous vous souvenez bien : ces deux seigneurs de la bourse plate qui honoraient, en Italie, notre auberge de leur crédit... Ils ont contribué à ruiner mon oncle.

JACQUES, *souriant.*

Ah ! oui : cette paire d'agneaux, cousus dans des peaux de loups, qu'on avait chargés de me tuer...

FRANCISQUINE

De vous tuer ?

JACQUES

Deux braves garçons au demeurant, qui, au lieu de me dépêcher, se sont mis en quatre pour me rendre à la vie et à la santé...

FRANCISQUINE

L'illustrissime signor Francatrippa et son ami, le sonneur de sonnets à la lune, le signor Fritellino; ils se font appeler aujourd'hui le chevalier de Mirassou et le chevalier de Caudebec...

JACQUES

Ah çà ! ils ont donc fait fortune ?

FRANCISQUINE

Hum ! pas précisément; mais il est des métiers lucratifs... Je crois qu'ils sont, comme moi, dans la diplomatie.

JACQUES

Dans la diplomatie... active ?

FRANCISQUINE

Dans la diplomatie... d'observation. (*Se redressant.*) Nous éclairons Son Eminence le cardinal de Richelieu !

JACQUES

Mes compliments et au revoir. (*Il remonte pour sortir.*)

## SCÈNE VI

### Les Mêmes, MIRASSOU, CAUDEBEC.

MIRASSOU, *entrant.*

Est-ce entendu ?

CAUDEBEC

C'est entendu.

MIRASSOU, *jetant une pièce d'argent en l'air.*

Pile.

CAUDEBEC, *se penchant, regardant et ramassant la pièce.*

C'est pile... Tu as gagné... Tiens ! (*Il lui tend le nœud
de ruban et le masque de la scène précédente et met la
pièce dans sa poche.*)

MIRASSOU, *les repoussant.*

Ah ! mais non !... Ce n'est pas cela : c'est ma pièce...
Pour le reste, je m'y refuse...

CAUDEBEC

Comment, est-ce que dans toutes les parties ce n'est
pas celui qui gagne qui ramasse l'enjeu ?

MIRASSOU

Dans toutes les parties ordinaires, c'est possible, mais
dans celle-ci... Une partie extraordinaire...

FRANCISQUINE, *à l'écart, à gauche, avec Jacques.*

Ce sont bien vos deux gaillards, n'est-ce pas ?

JACQUES

En effet... Mais voilà une singulière dispute ! Quel peut
bien être cet enjeu qu'ils prétendent ainsi se repasser
l'un à l'autre ?... Un masque de velours... Un nœud de

...chan... je m'y perds... *Pendant ce temps, Caudebec et Mirassou sont venus se disputer à l'extrême droite.)*

CAUDEBEC

Distinguons, distinguons ! Voulez-vous que je vous dise ? Eh bien, vous n'êtes qu'un Gascon !

MIRASSOU

Et vous, vous n'êtes qu'un Normand !

CAUDEBEC

Monsieur Trophime Mirassou !

MIRASSOU

Monsieur Ange Bénigne Caudebec !

CAUDEBEC, *feignant de tirer l'épée.*

Je ne sais ce qui me retient...

MIRASSOU, *de même.*

J'ignore ce qui m'en empêche...

CAUDEBEC

Mais je méprise votre opinion.

MIRASSOU

Et moi je dédaigne vos mépris.

JACQUES, *passant au milieu et les séparant.*

La paix, au nom du ciel, mes maîtres !... Allez-vous donc vous égorger ? Deux camarades, deux amis, deux frères !

CAUDEBEC, *avec étonnement.*

Messire Callot !

MIRASSOU, *de même.*

Monsieur Jacques !

CAUDEBEC

Bien portant ?

MIRASSOU

Et ne vous ressentant plus de ce maudit coup de pistolet ?

JACQUES

Oui, grâce au ciel, et grâce à vous aussi, mes camarades, je suis guéri... Et je compte bien vous prouver que je ne suis point un ingrat... Mais comme vous voilà proprets et bien nippés !

CAUDEBEC

Ah ! c'est que nous sommes de la cour.

MIRASSOU

Et au service d'un grand ministre.

CAUDEBEC

C'est même ce qui fait l'objet de notre controverse... Tenez, jugez-en, messire Jacques : il s'agit d'une mission... d'une mission très délicate...

MIRASSOU

Et dans laquelle l'un de nous laissera sûrement sa peau...

CAUDEBEC

Une réunion de conspirateurs — ici près — dans l'île de la Loge...

JACQUES, à part, tressaillant.

L'île de la Loge !

MIRASSOU

On nous a commandé de nous y introduire...

CAUDEBEC

Pour y jouer le rôle d'un certain envoyé de M. de Vendôme...

MIRASSOU

Nous avons le mot de passe, les signes de reconnaissance et de ralliement...

CAUDEBEC, *montrant le masque et le nœud de ruban.*

Les voici.

MIRASSOU, *montrant une lettre.*

Avec cette lettre qui doit nous accréditer auprès du baron de Fénestrange...

JACQUES, *à part.*

Christian de Sierk ! (*Haut.*) C'est fort bien : on a chargé l'un de vous, mais lequel ?

CAUDEBEC

C'est ce que nous avons eu l'honneur de demander à Son Éminence...

JACQUES

Ah ! c'était Son Éminence avec qui vous étiez en train de converser tout à l'heure ?

FRANCISQUINE

Oui, elle était ici, il n'y a qu'un instant, avec M. de Rochefort...

CAUDEBEC

Et voici ce que le grand cardinal nous a fait l'honneur de nous répondre : « Arrangez la chose entre vous. Mais si vous ne me fournissez pas un rapport précis et complet sur tout ce qui se décidera dans ce conciliabule, vous recevrez les étrivières tous les deux. » Histoire que l'un ne soit pas jaloux de l'autre.

MIRASSOU

Et comme, si l'on est reconnu pour appartenir au ministre par quelqu'un de ces enragés conspirateurs, on court risque de passer un fort mauvais quart d'heure...

JACQUES

Je comprends : vous jouiez à qui se dévouerait pour épargner à son ami ce quart d'heure désagréable.

CAUDEBEC

Distinguons, monsieur, distinguons : nous jouions à
qui n'irait pas se jeter dans la gueule du loup.

MIRASSOU

On tient au fils de son père, écaille d'hippopotame !
Ventre de rhinocéros ! Cornes de crocodile !

JACQUES

Mon pauvre Mirassou, le trouble que détermine chez
vous la perspective de cette visite à l'île de la Loge vous
fait brouiller toutes les lois de la nature et attribuer à de
certains animaux des qualités physiques dont ils sont to-
talement dépourvus... Mais allons au plus pressé... Je
connais un moyen de vous mettre d'accord et de vous
tirer d'embarras.

MIRASSOU

Lequel ?

CAUDEBEC

Dites, oh ! dites vite !

JACQUES

Remettez-moi cette lettre, ce masque et ce nœud de
ruban...

FRANCISQUINE

Que voulez-vous faire ?

MIRASSOU *et* CAUDEBEC, *ensemble.*

Oui, messire, que voulez-vous faire ?

JACQUES

J'irai là-bas à votre place, et soyez certains que je vous
y remplacerai avantageusement.


RIDEAU.

# HUITIÈME TABLEAU

## LA FÊTE

Grande salle richement décorée et brillamment éclairée — s'ouvrant au fond par trois larges baies en arcades. Au lever du rideau, ces baies sont fermées par des draperies. A gauche, deuxième plan, deux fauteuils élevés sur deux marches et protégés par un dais. A droite, porte des appartements de Diamante. A droite et à gauche, sièges disposés pour une nombreuse réunion.

---

## SCENE PREMIERE

[illegible], *seul, reparaissant au fond à travers les draperies (la baie du milieu légèrement écartée).*

Mes invités commencent à affluer dans les jardins. *(Il redescend.)* Monsieur ne peut tarder à arriver. La reine non plus... et, tout à l'heure, c'est dans cette salle qu'il sera procédé aux accordailles du frère de Sa Majesté Louis XIII et de celle qui fut jadis la reine des gueux... C'est ici pareillement que va se décider le sort de Richelieu, qui, tout-puissant encore aujourd'hui, ne sera plus à craindre demain... *(Avec un geste significatif.)* Le cardinal une fois... supprimé, son royal maître ne sera pas longtemps sans le rejoindre, et, Louis mort, c'est Gaston qui règne, et moi qui règne avec Gaston... Allons, me voici donc parvenu à mes fins... Ministre... ministre du plus beau royaume qui soit au monde... Et qui sait ce que l'avenir me réserve ?... Serais-je le premier maire du

palais qui aurait précipité du trône un prince faible et
indécis pour s'y installer à sa place.     .

## SCÈNE II

### FÉNESTRANGE, YANOZ

YANOZ, *entrant par la droite.*

Monseigneur...

FÉNESTRANGE

Eh bien, et ma noble pupille?...

YANOZ

Ses femmes sont en train de mettre la dernière main à
sa toilette...

FÉNESTRANGE

Elle ne refuse donc plus d'obéir à mes ordres?

YANOZ

Non : elle paraîtra à cette fête... Mais seulement sur
l'assurance que je lui ai donnée en votre nom, que ce
Jacques Callot, qu'elle croit encore retenu, prisonnier
quelque part en ce logis, serait mis sur-le-champ en liberté... Or, quand elle apprendra que celui-ci dort au fond
de la Seine avec une pierre pour oreiller...

FÉNESTRANGE

Il sera trop tard pour revenir sur les faits accomplis...
D'ailleurs, elle n'aura plus le loisir ni l'envie de se déso-
ler... D'autres soins la réclameront : ceux qui lui seront
imposés par le rang et par la fortune... (*Il va pour sortir
par le fond.*)

YANOZ, *se plaçant devant lui.*

Alors, c'est ainsi que vous tenez votre promesse?

FÉNESTRANGE

Quelle promesse ?

YANOZ

Celle que vous m'avez faite le soir où j'ai consenti à prêter la main à l'enlèvement de notre ancienne souveraine...

FÉNESTRANGE

Ah ! oui ; de l'épouser moi-même et de n'être qu'un mari pour rire !... J'y avais songé autrefois... Mais les événements sont venus déranger mes combinaisons ; j'ai dû en former d'autres, et dans votre intérêt, je vous conseille de les accepter sans révolte...

YANOZ, *avec amertume.*

Quand je m'étais bercé de l'espoir que, si elle n'était pas à moi, du moins ne serait-elle ni à vous, ni à personne !...

FÉNESTRANGE

Ce n'est pas moi qui en ai décidé autrement : ce sont les nécessités de la raison d'État.

YANOZ

Dites les exigences de votre insatiable ambition !

FÉNESTRANGE

Monsieur Yanoz !...

YANOZ

Oh ! mais qu'il y prenne garde, votre duc d'Anjou !... Je ne suis ni son sujet, ni son valet, ni de sa religion, ni de sa race !... Qu'il prenne garde de me rencontrer sur le chemin où vous le poussez pour conduire Diamante à l'autel !

FÉNESTRANGE

Réfléchissez auparavant... Réfléchissez que porter la main sur un fils de France est un des crimes de lèse-ma-

jesté pour lesquels il n'est pas de supplices assez terribles...
Souvenez-vous de Ravaillac qui fut écartelé en Grève...

YANOZ

Mais il l'emmènera à la cour, ce prince !... Et je le
perdrai à jamais !...

FÉNESTRANGE

Eh ! qui vous parle de la quitter ?... On s'arrangera
pour vous trouver quelque charge de confiance dans la
maison de la nouvelle duchesse... On vient... C'est assez... Allez vous acquitter de vos devoirs de majordome,
et ne faites pas mauvaise figure à ce que vous ne pouvez
empêcher ..

YANOZ, *à demi-voix.*

Peut-être ! (*Il remonte lentement et sort par la baie de
droite.*)

FÉNESTRANGE, *le regardant s'éloigner.*

Voilà un drôle dont il faudra que je me débarrasse à
bref délai.


# SCÈNE III

BEAUFORT, MARCILLAC. FÉNESTRANGE, *puis* LE
DUC D'ANJOU. *Beaufort et Marcillac entrent par la
baie de gauche. Ils tiennent leur masque à la main et
ont chacun un nœud de ruban écarlate sur l'épaule.*


MARCILLAC

Tous mes compliments, cher baron : votre fête est d'un
goût exquis !

BEAUFORT

Ces verdures illuminées... Ces musiciens dans les bos-
quets... Vive Dieu ! on jurerait des jardins d'Armide !

UN PAGE, *[…] l'épée […] de la baie du milieu.*

Son Altesse Royale Monseigneur le duc d'Anjou.

GASTON, *au baron, qui est allé au-devant de lui.*

Monsieur, nous vous avions promis de venir prendre votre part des divertissements qui vont faire de ce séjour l'île des Plaisirs et des Merveilles. Vous voyez que nous tenons parole. Sa Majesté la reine me suit. *Regardant autour de lui,* Mais je n'aperçois pas notre belle Gé-ralde. *(Beaufort et Marcillac sont descendus à droite.)*

FÉNESTRANGE

Elle achève de se parer pour faire honneur à son au-guste fiancé.

GASTON, *baissant la voix.*

Et nos amis?

FÉNESTRANGE

Ils seront ici tout à l'heure.

LE PAGE, *annonçant.*

La reine!

## SCÈNE IV

LES MÊMES, ANNE D'AUTRICHE, BASSOMPIERRE, MADAME DE CHEVREUSE, CHALAIS, *puis* SEI-GNEURS *et* JACQUES. *La reine fait son entrée par la baie du milieu. Bassompierre lui donne la main. Derrière elle, la duchesse, conduite par Chalais. Le duc d'Anjou et Fénestrange remontent pour les saluer. Puis le baron indique à Anne d'Autriche les sièges placés sous le dais. Pendant qu'elle se dirige de ce côté, des seigneurs masqués et agitant le revers écarlate sur l'é-paule entrent et se rangent au fond. Parmi eux, Jacques*

*pareillement masqué et portant pareillement le bout
de ruban sur l'épaule.*

LA REINE, *s'asseyant sur l'un des deux fauteuils et indi-
quant l'autre à Gaston.*

A mes côtés, mon frère. (*A madame de Chevreuse, en
lui désignant l'extrême gauche.*) Vous, duchesse, ici, près
de moi. (*Les personnages ainsi placés : à l'extrême gauche,
la duchesse assise; Chalais debout derrière elle, la reine et
le duc d'Anjou sur les deux sièges surélevés, puis Bassonpierre et des seigneurs. D'autres seigneurs au fond, parmi
lesquels se trouve Callot. D'autres seigneurs à droite. A
l'extrême droite, Fénestrange, Marcillac et de Beaufort.
Pendant que ces différents mouvements s'exécutent, Jacques
quitte le fond et descend à droite, près du baron.*)

JACQUES, *à demi-voix à Fénestrange.*

Paris-Nancy. (*Il lui présente un papier.*) Voici le message que M. de Bassonpierre a fait tenir à mon maître...

FÉNESTRANGE, *s'avançant vers la reine et lui présentant le
Lorrain.*

Madame, un envoyé de M. de Vendôme.

LA REINE, *à Jacques qui s'incline.*

Soyez le bienvenu, monsieur, et veuillez prendre
place au milieu de nos amis. (*Callot salue de nouveau et
va se placer à droite, derrière le baron, près de Marcillac
et de Beaufort qui semblent lui faire un chaleureux accueil.*) Messieurs, nous avions eu d'abord l'intention,
M. le duc d'Anjou et moi, d'assister en masque à cette
fête. Mais l'importance des mesures qui y seront débat-
tues ne nous permet pas de garder l'incognito. C'est donc
à visage découvert que nous venons solliciter l'appui de
vos avis, de votre dévouement et de votre épée. (*A Gaston.*)
Mon frère, vous êtes le confident de mes chagrins, de mes

vœux et de mes espérances : soyez mon interprète auprès
de ceux qui nous écoutent...

GASTON, *avec embarras, se levant.*

Madame...

LA REINE, *bas.*

Parlez, monsieur : l'enjeu de la partie que nous avons en-
gagée [illegible] que vous [illegible].

GASTON, *à part.*

L'intrigante ne veut pas se compromettre seule... Allons, il faut s'exécuter. (*Haut.*) Messieurs, vous savez
tous pourquoi nous sommes ici... Nous avons un ennemi
commun, qu'il est urgent de renverser, si nous ne vou-
lons pas être écrasés par lui... Cet ennemi, dont il ne me
convient point de prononcer le nom...

BASSOMPIERRE

Ventre-saint-gris ! personne n'ignore parmi nous qu'il
s'agit de l'Éminence rouge !

GASTON, *avec hésitation.*

Du cardinal, soit... C'est le maréchal qui l'a nommé...
Eh bien, le cardinal ne rêve rien moins que de faire ré-
pudier la reine... (*Murmures et protestations.*)

LA REINE, *se levant.*

Et la reine, humiliée comme femme, comme épouse,
comme souveraine ; flétrie des accusations les plus in-
justes comme des soupçons les plus odieux ; blessée dans
ses affections, dans ses intérêts, dans sa dignité, dans son
honneur, la reine, messieurs, vient vous demander conseil... Faut-il qu'elle cède sa place à son implacable ad-
versaire ? Ou bien doit-elle relever le gant, accepter le
défi et se défendre enfin contre les attaques sous les-
quelles elle a courbé le front jusqu'à ce jour ?... Réfléchissez, parlez, dictez-lui sa conduite...

BASSOMPIERRE

Madame, il faut que la reine combatte...

CHALAIS

Elle nous aura tous pour soldats...

CRI GÉNÉRAL

Oui, tous !

LA REINE

Je n'attendais pas moins de ma fidèle noblesse et lui
rends grâces du fond du cœur ; mais, pour combattre, il
faut des armes, un plan, de l'argent, des alliances...

MADAME DE CHEVREUSE

Votre Majesté oublie-t-elle que l'Espagne nous envoie
dix-sept mille hommes de vieilles troupes et cent mille
écus comptants ?

FÉNESTRANGE

Et, quant aux alliances, voici l'héritière légitime de
l'un des premiers fiefs de l'Empire qui apporte à notre
cause le précieux concours de sa puissance et de ses
armes.

GORBAS, *à la porte de droite, annonçant.*

Son Altesse la princesse Géralde.


# SCÈNE V

Les Mêmes, DIAMANTE, *puis* Dames *et* Seigneurs *non
masqués. Diamante paraît sur le seuil de la porte de
droite.*


JACQUES, *à part.*

C'est elle !

FÉNESTRANGE, *allant au-devant de la jeune fille, bas et douceureusement.*

Je suis heureux, mon enfant, de vous trouver disposée à ce que l'on attend de vous... *(Il lui offre la main pour la conduire près de la reine.)*

LE VANTE, *en traversant le théâtre.*

Vous vous rappelez, monsieur, à quelles conditions...

FÉNESTRANGE

Je vous répète encore une fois (*Avec intention.*) que celui que vous aimez n'a plus aucun danger à courir.

GASTON, *descendant de l'estrade.*

Faites ouvrir, baron. (*Ce dernier fait un signe. Les tapisseries qui ferment les trois baies du fond se relèvent et laissent voir les jardins illuminés. Une foule de dames et de seigneurs, en habits de gala, descendent en scène, à gauche, et se groupent autour d'Anne d'Autriche, pendant que Bassompierre, Chalais et les conspirateurs masqués passent à droite et se massent derrière Marcillac, de Beaufort et Jacques. Fénestrange a remis Diamante au duc d'Anjou. Celui-ci l'amène devant la reine.*)

GASTON, *à la reine.*

Madame, permettez-nous de vous présenter la princesse Géralde de Lorraine, fille du feu duc Henri II et cousine du duc régnant Charles IV, laquelle consent à nous accepter pour époux et à associer ses destinées et celles de son peuple aux nôtres et à celles de la France.

CRIS

Vive monseigneur le duc! Vive madame la duchesse!

GASTON, *élevant la voix.*

En foi de quoi, devant Dieu, devant vous, devant tous, nous échangeons ici nos anneaux de fiançailles, en atten-

sans que l'église reçoive nos serments et bénisse notre
union.

DIAMANTE, à part.

C'est pour lui... C'est pour que Jacques soit libre...
(*Échange des anneaux. Diamante fléchit le genou devant
Anne d'Autriche. Celle-ci la relève avec effusion.*)

LA REINE

Dans mes bras, ma sœur. (*Elle embrasse la jeune fille.*)

MADAME DE CHEVREUSE

Tous nos souhaits de bonheur à la belle fiancée. (*Les
dames s'empressent autour de Diamante et de la reine.
Compliments, présentations, révérences.*)

FÉNESTRANGE, s'approchant du duc d'Anjou.

Un mot, monseigneur. (*Il le tire près du groupe des
conspirateurs, à droite.*) Votre Altesse doit comprendre
combien il est urgent de frapper notre ennemi avant qu'il
ne soupçonne ce qui se passe et qu'il ne nous frappe lui-
même...

GASTON

Un meurtre ?...

FÉNESTRANGE

Une exécution nécessaire : vous nous invitez demain à
une partie de chasse...

GASTON

Moi ?...

FÉNESTRANGE

Nous nous y rendons armés... Le hasard nous conduit
à Rueil... C'est là que le cardinal habite à peu près seul...
Votre Altesse entre chez lui pour lui présenter ses devoirs
et s'informer de sa santé... Nous y pénétrons de compagnie...

GASTON, *avec anxiété.*

Et ensuite ?...

### BASSOMPIERRE

Monseigneur, introduisez-nous seulement dans la bauge du vieux sanglier : nos couteaux de chasse et nos épieux feront le reste.

### GASTON

Maréchal !...

### BASSOMPIERRE

Harnibieu ! il est un proverbe de mon pays qui dit : « Hâtez-vous de faire aux autres ce que vous ne voulez pas qu'ils vous fassent.

### FÉNESTRANGE

Morte la bête, mort le venin. (*Signes d'assentiment des seigneurs.*)

### GASTON

Il suffit, messieurs, il suffit... Vous avez carte blanche... Mais laissez-moi rejoindre ces dames... Aussi bien, j'ai hâte de prendre ma part des enchantements dont notre hôte a promis de nous régaler... (*Musique de danse. La reine a fait asseoir Diamante à ses côtés. Le duc prend place près d'elles. Les seigneurs masqués se perdent dans l'affluence des invités. — Ballet du temps. — A la fin du ballet, Yanoz vient parler au baron qui s'avance vers la reine.*)

### FÉNESTRANGE

Mon majordome m'annonce que la collation est servie et n'attend plus que le bon plaisir de Sa Majesté et de madame la duchesse.

### LA REINE, *se levant.*

Allons, ma sœur. Allons, mesdames. (*Sortie générale par les baies du fond. Callot demeure sur le seuil de celle*

*ce droite. Au moment où le baron va suivre ses invités, il
l'arrête. Tous deux redescendent. Les draperies retombent
derrière eux. Musique de bal au dehors pendant toute la
scène suivante.)*

# SCÈNE VI

## FENESTRANGE, JACQUES

### FENESTRANGE

Ah ! l'envoyé de M. de Vendôme... Eh bien, vous avez
entendu... Et vous pourrez rendre compte à votre maître
de ce que nous venons d'arrêter. *Jacques se démasque
silencieusement.)* Callot !... Jacques Callot !... Le graveur !

### JACQUES

Lui-même, monsieur le baron : votre compatriote et
serviteur indigne...

### FENESTRANGE, *reculant vers la gauche.*

Oh !...

### JACQUES

Voyons, rassurez-vous, que diable ! Quoique tué par
vous pour la deuxième fois, je ne m'en porte pas plus
mal... Non, vrai, je ne suis pas un spectre, et je vais le
prouver tout à l'heure. *(Le baron fait un mouvement pour
gagner le fond. Callot tire son épée.)* Oh ! n'allez pas par
là !...

### FENESTRANGE

Vous m'assassineriez !...

### JACQUES

Fi donc !... Ce sont des procédés que je laisse à Votre
Seigneurie !... Seulement, n'essayez pas d'appeler ! Ne re-

nez pas! Ne criez pas! Oh, pardieu! Je vous cloue
contre ce mur comme une chauve-souris sur la porte
d'une grange!

### FÉNESTRANGE

Mais enfin, que me voulez-vous?

### JACQUES

Je vais vous le dire : vous avez, à deux reprises, tenté
de m'envoyer rejoindre mes ancêtres... Une première
fois, là-bas, en Italie, d'un coup de pistolet dont j'ai gardé
le meilleur souvenir : ici, au haut de la poitrine... La seconde fois, en ce logis, il y a deux jours, dans une cave,
et par le ministère de votre laquais Corbas : un brave
coquin qui m'a prouvé qu'un bienfait n'est jamais perdu...
Mais, s'il ne s'agissait que de moi, je passerais volontiers
condamnation sur de semblables peccadilles... Par malheur, il y a autre chose...

### FÉNESTRANGE

Autre chose !...

### JACQUES, *sombre.*

Vous m'avez enlevé la femme qui était toute ma vie,
pour la jeter en pâture à vos misérables intérêts ainsi
qu'aux coupables projets d'une poignée d'ambitieux san-
cervelle... Par quelles ruses maudites, par quelles infer-
nales magies, par quels exécrables sortilèges l'avez-vous
contrainte à mettre sa main dans la main de ce prince,
la face de traître? Je n'en sais rien : mais ce que je sais
bien, c'est que j'ai lu vos perfidies dans la pâleur de la
pauvre fille, dans ses yeux rougis par les larmes et jusque
dans sa douloureuse résignation... Vous voyez bien, baron, qu'il faut que je vous tue!...

### FÉNESTRANGE

Me tuer !...

JACQUES

Oh! mais comme je sais tuer, moi : loyalement, fer
contre fer, jouant ma vie pour prendre la vôtre...

FÉNESTRANGE, *après un temps.*

Ainsi, si je vous comprends bien, c'est un duel à ou-
trance que vous me proposez ?

JACQUES

Je vous fais cet honneur.

FÉNESTRANGE

Et si je le déclinais?... Si je trouvais l'heure et l'endroit
inopportuns pour cette rencontre ?... Si je vous deman-
dais, par exemple, de remettre la partie à demain ?

JACQUES

Alors, j'irais ce soir à Rueil.

FÉNESTRANGE

Vous iriez chez le cardinal !

JACQUES, *appuyant.*

J'irai *quand même*... Oui, à moins que je ne reste couché sur ce tapis .. J'irai lorsque j'aurai terminé avec
vous... Je ne la connais pas, votre Éminence rouge. Elle
m'est indifférente, pardieu ! Je ne suis ni son partisan, ni
son obligé, ni son serviteur... Mais, vivant, je ne laisse-
rai jamais égorger un chrétien comme un mouton... J'a-
vertirai donc Richelieu de ce qui se trame contre lui...
Après, il fera ce qu'il voudra. C'est son affaire. Peu m'importe... Quant à vous, ce que je vous offre est votre seule
chance de salut...

FÉNESTRANGE, *à lui-même.*

Il a raison... Richelieu, prévenu, se montrera terrible...
Peut-être n'osera-t-il pas toucher à la femme et au frère
du roi... Mais sa vengeance se rabattra sur les instru-

9

ments subalternes... (*Avec résolution.*) Il faut tuer cet homme ou mourir...

JACQUES

Eh bien ?

FÉNESTRANGE, *dégainant.*

Eh bien, à nous deux, monsieur Jacques !

JACQUES

A nous deux, Christian de Sierk ! *Combat — sur la musique du dehors — silencieux, acharné, terrible, — à la fin duquel le baron tombe sur les marches de l'estrade.*)

JACQUES

Mort!... Le diable ait son âme ... Et, maintenant, à Rueil !

RIDEAU

# ACTE CINQUIÈME

---

## NEUVIÈME TABLEAU

### RICHELIEU A RUEIL

Le cabinet de travail du cardinal. — Porte au fond. — Portes
latérales. — A gauche, un grand bureau chargé de cartes,
de livres et de papier.

---

## SCÈNE PREMIÈRE

RICHELIEU, *seul, assis derrière le bureau.*

Oui, lorsque cette pièce, lorsque ma *Mirame* sera re-
présentée, j'obtiendrai un double triomphe... Triomphe
de poésie et triomphe de vengeance... *(Se levant et se
promenant de gauche à droite, son manuscrit à la main.)*
Car comment ne pas reconnaître Anne d'Autriche, ses
menées, ses amours coupables, quand un de mes personnages s'écriera par exemple :

Celle qui vous paraît un céleste flambeau
Est un flambeau funeste à toute ma famille
Et peut-être à l'Etat...

Et plus tard, quand le roi dira en dévoilant ses peines
secrètes :

> Acaste, il est trop vrai, par différents efforts
> On sape mon pouvoir et dedans et dehors,
> On corrompt mes sujets, on conspire ma perte
> Tantôt couvertement, tantôt à force ouverte.

Ces vers ne retracent-ils pas ce qui se passe en ce moment... Cette réunion d'hier à l'île de la Loge, dont j'aurai sans nul doute des nouvelles ce matin... Ces machi-
nations de Monsieur, de la Chevreuse et des Vendôme?...
Et cet aveu de mon héroïne, dans un moment d'aban-
don, n'est-ce pas la reine confessant ses relations avec
Buckingham :

> Je me sens criminelle, aimant un étranger
> Qui met par mon amour ma patrie en danger.

Ces allusions seront couvertes de bravos... Oui, l'on
applaudira... Je veux qu'on applaudisse... Au besoin, je
saurai, pour ce faire, ressusciter ces mercenaires de l'en-
thousiasme que Néron inventa pour acclamer ses
œuvres...

## SCÈNE II

### RICHELIEU, CHÉRET

CHÉRET, *entrant par le fond.*

Monseigneur...

RICHELIEU

Qu'y a-t-il, Chéret ? On ne peut donc pas être une minute en repos ?...

CHÉRET

Monseigneur, c'est M. Callot...

RICHELIEU

Quel Callot? Serait-ce, par hasard, ce graveur que Sa Majesté a mandé de Lorraine?...

CHÉRET

Il désire, dit-il, entretenir Votre Éminence d'affaires qui ne souffrent aucun retard.

RICHELIEU, *haussant les épaules.*

Bon! quelque requête à me présenter... Ces artistes ont toujours quelque chose à quémander... Plus tard, Chéret, plus tard.

CHÉRET

Votre Grandeur entend donc que je le congédie?

RICHELIEU

Oui, qu'il sollicite une audience... Qu'il expose le but de sa visite... Alors je verrai, j'aviserai... Ce matin je n'y suis que pour le chevalier Caudebec et pour le chevalier Mirassou.

CHÉRET

Bien, monseigneur. (*Il salue et sort par le fond.*)

RICHELIEU, *revenant à son bureau.*

Voyons maintenant le devis de la future salle de spectacle... Trois cent mille écus... Peste! c'est un joli denier... A ce prix-là c'est bien le moins que j'aie le droit d'y faire jouer mes pièces. (*A Chéret qui rentre.*) Hein?... Quoi? Encore un importun?

CHÉRET

Monseigneur, c'est toujours le même.

RICHELIEU

Ce Callot?

CHÉRET

Il refuse de s'en aller et affirme avoir à communiquer à

Votre Éminence des choses qui intéressent la sûreté de l'État.

RICHELIEU

Stratagème! Prétexte! Mensonge! Qu'on le jette dehors s'il insiste davantage.

CHÉRET

A l'instant, monseigneur. (*Fausse sortie.*) Pardon, c'est que ce Lorrain ajoute que ce qu'il a à vous apprendre concerne en même temps la vie de Votre Éminence.

RICHELIEU

Ma vie, à moi? Ah! diable, voilà qui change la thèse... Attendez, Chéret, attendez. Ceci mérite réflexion. (*Après un temps.*) Si cet homme disait vrai pourtant... Il y a autour de moi tant de piéges invisibles... Il y a tant de gens qui ont juré ma perte. (*Nouveau temps.*) Je consens à le recevoir. Vous allez l'introduire, Chéret... Après quoi vous vous tiendrez dans l'antichambre avec Bournais et les laquais.

CHÉRET, *allant au fond et ouvrant la porte.*

Veuillez entrer, monsieur. *Il sort sur un signe du cardinal.*

# SCÈNE III

## RICHELIEU, JACQUES

RICHELIEU, *assis derrière son bureau.*

C'est vous qui avez demandé à me parler? (*Jacques salue en façon affirmative. Richelieu l'examine à la dérobée. A part.*) Le front intelligent, le regard franc, la bouche sincère... Cette figure ne doit pas tromper... A moins qu'elle ne soit un masque. *Haut.* Que voulez-vous?

JACQUES

Oh! mon Dieu, rien que de fort simple : je veux vous
sauver, voilà tout.

RICHELIEU, *se levant à demi.*

Me sauver? Quelle est cette plaisanterie?

JACQUES

Monseigneur, je suis très sérieux.

RICHELIEU

Soit, vous venez me sauver : de qui?

JACQUES

D'une bande de malheureux qui, dans cette matinée,
envahira votre logis pour vous saigner comme un poulet.
(*Sur un mouvement de Richelieu.*) Oh! j'ai toute ma
raison, monseigneur, oui, toute : aussi vrai que je viens
de tuer un homme.

RICHELIEU, *se levant tout à fait.*

Vous venez de tuer un homme?

JACQUES

Le moins digne de pitié de vos futurs assassins, un
certain baron de Fénestrange...

RICHELIEU

Celui chez qui s'est tenue, cette nuit, la réunion...

JACQUES

Dans laquelle vous avez été condamné, oui, monseigneur... J'étais au nombre de ceux qui ont voté votre
mort...

RICHELIEU

Vous?

JACQUES

Dame, puisque j'étais censé y représenter M. de Vendôme, lequel n'est guère de vos cousins, je suppose...

RICHELIEU

Est-il possible ?

JACQUES

Tenez, voici le masque de velours que j'avais sur le visage... Voici le nœud de ruban écarlate que je portais sur l'épaule... Voici le message du maréchal de Bassompierre au duc César.

RICHELIEU

Monsieur, vous allez vous expliquer, n'est-ce pas ?

JACQUES.

Eh ! je ne suis ici que pour cela... Mais un moment encore... Veuillez auparavant appeler votre valet de chambre... Tout de suite... Je vous en prie... C'est urgent. *(Richelieu frappe sur un timbre. Entrée de Chéret qui reste au fond. Jacques, à Chéret.)* Mon ami, avertissez aux écuries que l'on mette deux des meilleurs chevaux au carrosse de votre maître...

CHÉRET, *à Richelieu.*

Monseigneur, faut-il ?...

JACQUES, *le poussant dehors.*

Allez !... Allez vite !... Ça chauffe !... *(Se retournant vers Richelieu.)* Maintenant, monseigneur, me voici à vos ordres.

RICHELIEU

Cette réunion...

JACQUES

Je répète à Votre Eminence que j'y ai assisté moi-même... J'y remplaçais la personne que vous aviez envoyée...

RICHELIEU

Et il y a été décidé..

JACQUES

Que l'on se débarrasserait de l'obstacle qui barre le chemin du pouvoir à tant de mesquines ambitions.

RICHELIEU

Je comprends... Ma mort... Un crime...

JACQUES

Monseigneur est trop bon politique pour ne pas savoir qu'il n'y a crime que là où il n'y a pas succès.

RICHELIEU

Et quand ce beau projet doit-il être mis à exécution ?

JACQUES

Ce matin... Tout à l'heure... Vos assassins vont venir.

RICHELIEU

Eh bien, qu'ils viennent. (*Il va tranquillement reprendre sa place dans son fauteuil.*)

JACQUES

Que faites-vous ?

RICHELIEU

Vous le voyez, je les attends.

JACQUES

Oh !

RICHELIEU

Qu'ils viennent : nous verrons s'ils osent frapper un prince de l'Église, le représentant de Dieu et du roi sur cette terre, le gardien de l'honneur national et le dépositaire des destinées de la France... Qu'ils viennent : nous verrons qui d'eux ou de moi tremblera davantage au moment de porter ou de recevoir les coups. Qu'ils viennent ! Qu'ils viennent ! Contre leurs poignards je ne me cuirasserai que de mon mépris de la mort, et je n'opposerai à leurs armes que le calme de ma conscience.

9.

### JACQUES

Ces moyens de défense... Prenez garde... Ces gens seront sans pitié comme ils sont sans scrupule...

### RICHELIEU

Ils me tueront. Eh bien, je gagnerai le repos à leur crime, ce repos auquel j'aspire depuis que je pousse à la roue de ce char de l'État qui écrase parfois en reculant ceux qui s'épuisent à le faire sortir de l'ornière... Si vous saviez comme je suis las de ce labeur formidable qui ne fait que commencer : l'abaissement de la maison d'Autriche rêvé par le grand Henri et le nivellement des têtes seigneuriales entrepris par Louis XI... Si vous saviez que de fois j'ai souhaité la disgrâce comme une faveur du ciel ! Que de fois j'ai ambitionné la tombe comme le seul lit où je puis dormir en paix. *(Se levant et allant à Jacques.)* Regardez-moi, monsieur Callot... Regardez ma taille qui se courbe, mes cheveux blanchis par la fièvre du travail, mes yeux creux, mon front raviné de rides Je n'ai pas encore quarante ans et j'ai l'apparence d'un vieillard... Je n'aurais pas rendu mon poste... On me l'arrache avec la vie... Merci à mes libérateurs !... Encore une fois, qu'ils viennent ! Je ne ferai pas un pas pour leur échapper et non seulement je les attends, mais je les désire, je les appelle et je les bénis. Je n'étais qu'un homme : ils vont faire de moi un martyr.

### JACQUES, *après un temps, s'inclinant.*

Monseigneur, je vous admire. *(Se redressant.)* Je vous admire, mais je ne vous approuve pas.

### RICHELIEU

Monsieur...

### JACQUES

Vous n'avez pas le droit d'agir comme vous en avez l'intention... Vos jours ne vous appartiennent pas. Ils appartiennent au monarque dont votre bras puissant soutient la démarche incertaine. Ils appartiennent à ce pays qui attend de votre politique sa prospérité et sa gloire. Il n'y a qu'un mauvais ouvrier pour se reposer avant que sa tâche ne soit entièrement terminée. Achevez la vôtre... Mourir c'est parfois déserter.

## SCÈNE IV

### Les Mêmes, CHÉRET

CHÉRET

Monseigneur, les chevaux sont attelés au carrosse.

JACQUES

Allons, monseigneur, partons. Je suis venu pour vous sauver, — et je vous sauverai de par tous les diables !

RICHELIEU

Malgré moi ?

JACQUES

Malgré vous. Oh ! vous ne me connaissez pas. Quand j'ai une idée chevillée entre les deux sourcils... Que Votre Éminence y prenne garde : si elle refuse de me suivre...

RICHELIEU

Eh bien ?

JACQUES

Eh bien, je l'enlève... Vous crieriez bien un peu, tant pis... L'histoire m'absoudra de cette violence...

RICHELIEU

Soit. (*Ils remontent tous deux. Richelieu s'arrêtant au fond.*) Un moment : vous avez oublié une chose.

JACQUES

Laquelle ?

RICHELIEU

De me donner les noms...

JACQUES

Quels noms ?

RICHELIEU

Les noms de ceux qui vont venir tout à l'heure à
Rueil... Vous devez comprendre que j'en ai besoin.

JACQUES

Et Votre Eminence comprendra pareillement que je
doive les lui refuser. *(Mouvement de Richelieu.)* Oh !
qu'elle n'insiste pas ! On ne tirera rien de moi. Quoi !
vous me reconnaissez quelque fierté dans l'âme et vous
me demandez des têtes pour l'échafaud !...

RICHELIEU

Là, là, monsieur Callot, je n'entends exiger de vous
aucune complaisance honteuse. Gardez ces noms, si bon
vous semble. Aussi bien j'en connais plus de la moitié,
— et quand j'aurai tous les coupables sous la main...

JACQUES

C'est ce jour-là que je viendrai vous demander mon sa-
laire : leur grâce.

RICHELIEU

Le droit de grâce n'appartient qu'à Sa Majesté et ce
n'est certes pas quand le salut de l'Etat réclame toutes
les énergies que j'irai conseiller la faiblesse.

JACQUES

Ma foi, le génie que Votre Eminence tient du ciel est
bien grand, bien grande aussi est son œuvre, mais à
celle-ci comme à celui-là, il manque une vertu suprême...

RICHELIEU

Et laquelle, monsieur ?

JACQUES

La clémence.


RIDEAU


# DIXIÈME TABLEAU

## LA COUR DU CHATEAU-NEUF

La cour du Château-Neuf à Saint-Germain. — Dans l'aile
gauche, précédée d'un perron, les appartements du roi.
— A droite, le pavillon du duc d'Anjou. — Au fond, galerie.


## SCÈNE PREMIÈRE

BASSOMPIERRE, CHALAIS, MARCILLAC, *puis* DE
BEAUFORT, Seigneurs. *Les Seigneurs, en tenue de
chasse, sont groupés devant le pavillon de droite.*


MARCILLAC, *à Chalais qui sort du pavillon.*
Eh bien ?

BASSOMPIERRE
Le duc ?...

CHALAIS
Il est encore couché, dit-on, et ne se presse pas de se
lever.

MARCILLAC
Que signifie ?...

#### BASSOMPIERRE

Harnibieu ! Cela signifie que Son Altesse ne viendra pas.

#### PLUSIEURS SEIGNEURS

Que dites-vous ?

#### BASSOMPIERRE

Je dis, messieurs, que lorsqu'il s'agit de faire acte de résolution, celui que nous attendons est rarement en avance.

#### CHALAIS

Alors que faire ?

#### BASSOMPIERRE

Si le prince ne vient pas à nous, il n'y a qu'à nous passer du prince. A quoi nous sommes-nous engagés, hier soir, pour sauver la reine ? A supprimer le cardinal. Eh bien, supprimons-le, mordieu ! ne fût-ce que pour tenir la parole que nous nous sommes donnée à nous-mêmes !

#### DE BEAUFORT, *arrivant du fond.*

Messieurs, savez-vous ce qui se passe ? Les Suisses viennent de relever dans tous les postes les mousquetaires, les chevau-légers et les gendarmes : les Suisses, cette troupe habituelle des exécutions sommaires...

#### MARCILLAC

Diable !

#### CHALAIS, *à Bassompierre.*

Nous sommes perdus, maréchal.

#### PLUSIEURS SEIGNEURS

Perdus !

#### BASSOMPIERRE

Ventre-saint-gris ! je crois que vous avez raison, comte. Mais ce n'est pas une raison pour attendre, les

bras croisés, les vengeances qui nous menacent... C'est
à Rueil que nous devions aller, messieurs : allons à
Rueil !

CHALAIS

Vous avez raison : à Rueil!

TOUS

A Rueil! A Rueil! (*Ils font un mouvement pour sortir.
Depuis quelques instants Richelieu a paru sur le perron de
gauche. Derrière lui Fabert, Jacques et plusieurs officiers.
Au fond, Mirassou, Caudebec, Gardes-Suisses qui occu-
pent la galerie.*)


# SCÈNE II

Les Mêmes, RICHELIEU, FABERT, JACQUES, MIRASSOU,
CAUDEBEC, Officiers, Gardes-Suisses.


RICHELIEU, *sur le perron.*

Dieu vous garde, messieurs!

TOUS

Son Eminence !

RICHELIEU, *descendant et passant au milieu d'eux.*

Bonjour, monsieur de Marcillac !.. Bonjour, monsieur de
Beaufort!... (*A Chalais.*) Comte, je suis votre serviteur.
Comment va notre belle duchesse?

CHALAIS

Madame de Chevreuse? Votre Grandeur la comble.
J'aime à penser qu'elle est en excellente santé.

RICHELIEU

Vous vous trompez, monsieur. Cette pauvre duchesse
est plus malade qu'elle ne paraît. Vous qui êtes de ses
amis, donnez-lui le conseil d'aller se retremper quelque

part en province. L'air de Saint-Germain ne lui vaut
rien en ce moment. (*A Bassompierre.*) Maréchal, vous
rajeunissez... Vous avez une mine superbe... A propos,
quand vous écrirez à M. de Vendôme, assurez-le que je
lui suis tout acquis.

BASSOMPIERRE, à part.

Oh ! vieux diable !

RICHELIEU

Ah ! tous mes compliments, monsieur de Beaufort... Cet
habit est du dernier galant .. Mais préparez vos équipages
de campagne : avant la fin du présent mois, nous serons,
s'il plaît à Dieu, sous les murs de la Rochelle.

DE BEAUFORT

Votre Eminence a donc quitté Rueil ?

RICHELIEU

Oui. Sa Majesté m'a mandé ce matin pour m'informer
qu'elle m'accordait, sans que je la lui eusse demandée,
une garde de deux cents arquebusiers, chargés de pré-
munir ma personne contre les dangers qu'elle pourrait
courir... Comme si j'avais besoin de cette véritable armée
pour défendre ma vie au milieu de cette chevaleresque
noblesse de France, dans les rangs de laquelle je puis
compter des ennemis, mais où je défie que l'on rencontre un assassin... Mais vous vous disposiez, je crois,
à forcer quelque gros gibier... Allez, messieurs, allez :
que je ne vous retienne pas. Bonne réussite et bon plaisir !

BASSOMPIERRE, à Chalais, en remontant.

Allons, nous sommes joués.

CHALAIS

C'est une revanche à prendre (*Sortie des seigneurs et
des gardes.*)

RICHELIEU, *à Fabert*

Monsieur Fabert, veuillez m'annoncer chez Mgr le duc d'Anjou. (*Fabert entre dans le pavillon de droite. Faisant signe à Callot d'approcher.*) Monsieur Callot, de quelle façon m'est-il permis de m'acquitter envers vous?

JACQUES

Votre Eminence sait qu'il est une personne que j'aime plus que tout au monde...

RICHELIEU

Ah! oui, cette bohémienne... la pupille de ce Fénestrange... l'épouse destinée à Monsieur... la prétendue Géralde de Lorraine.

JACQUES

Monseigneur, cette jeune fille n'est point de vos ennemis...

RICHELIEU

Eh bien, si elle vous aime assez pour vous sacrifier les rêves de fortune et de grandeur dans lesquels on l'avait bercée, si elle abdique des droits que, jusqu'à plus ample informé, je persiste à regarder comme fort éventuels, personne n'a plus rien à voir dans sa conduite et vous pouvez aller vivre tous deux dans le silence de l'amour partagé et dans l'obscurité du bonheur commun...

JACQUES

Monseigneur, c'est à elle qu'il appartient de décider.

RICHELIEU

Consultez-la sans retard... Consultez-la aujourd'hui même... Le plus tôt sera le meilleur... Ne me laissez pas le temps de réfléchir qu'en agissant ainsi je fais du sentiment, — et non de la bonne politique. (*Il rentre chez le duc d'Anjou.*)

## SCÈNE III

### JACQUES, MIRASSOU, CAUDEBEC

JACQUES, *à lui-même.*

C'est mon avenir qui va se décider sur une parole de
Diamante... Allons : j'ai hâte d'être fixé. *Il remonte et
rencontre Mirassou et Caudebec qui sont restés au fond
et qui redescendent en ce moment.)*

CAUDEBEC

Vous partez, messire Jacques ?

JACQUES

Je retourne à l'île de la Loge.

CAUDEBEC

Vous nous emmenez, n'est-ce pas ?

MIRASSOU

Au cas où il y aurait des coups à donner ou à recevoir...

CAUDEBEC

Oui, pour vous aider, vous prêter assistance...

JACQUES

M'assister !... M'aider !... Vous !...

CAUDEBEC

Distinguons, messire Jacques, distinguons : nous sommes deux poltrons, c'est certain ; et, comme nous n'avons
plus intérêt à vous le cacher, nous vous l'avouons sans
rougir ; mais la poltronnerie n'est guère que l'exagération
de la prudence...

MIRASSOU

Et puis, cornes de rhinocéros ! nous en avons tellement
dépensé, depuis quelque temps, de cette peur, que je

crains bien que nous n'en ayons épuisé à peu près notre
provision ordinaire...

JACQUES

Eh bien, venez donc puisque vous y tenez!...

MIRASSOU

Et, si nous rencontrons le danger...

CAUDEBEC

Nous serons polis.


RIDEAU


# ONZIÈME TABLEAU

## LA MORT DE DIAMANTE

Dans l'île de la Loge. — A droite, occupant un tiers du théâtre, un pavillon formant l'angle du « logis de Marie Touchet ». Ce pavillon est exhaussé sur un perron de quelques
marches, à double rampe, placé obliquement à la scène. On
en aperçoit l'intérieur par une large fenêtre ouverte en face
du public : lit de repos au premier plan à droite, porte au
fond conduisant à l'intérieur du logis, porte à gauche ouvrant sur le perron, guéridon au milieu. — Aux deux autres
tiers, massifs d'arbres formant coulisses à gauche. Au
fond, la Seine. Par delà, la terrasse de Saint-Germain.
Table et chaises de jardin au premier plan à gauche. Il fait
nuit. Effet de lune.


# SCÈNE PREMIÈRE

YANOZ, GORBAS, GARGAJAL. — *Au lever du rideau,
l'intérieur du pavillon de droite est dans l'obscurité.*

*Yanoz, Gorbas et Gargajal sont assis, à l'extérieur, à
la table de gauche : Yanoz, un peu à l'écart des deux
autres, leur tournant le dos, le coude sur son genou,
le menton dans la paume de la main, enseveli dans
ses réflexions; Gargajal, à droite de la table ; Gorbas,
au milieu. Sur la table, gobelets et flacons.*

GARGAJAL, *à Gorbas.*

Tu dis qu'on l'a trouvé comme ça dans la salle où avait
eu lieu la cérémonie des fiançailles ?

GORBAS

Ce matin, à l'issue de la fête, quand tout le monde
venait de partir : trépassé d'un grand coup d'épée à travers la poitrine...

GARGAJAL

Pauvre baron! (*Buvant.*) A sa mémoire!... Et à quoi,
diantre! attribue-t-on cet... accident?

GORBAS

On parle d'un duel, d'une vengeance, d'un complot...
Il y a de la politique là-dedans...

GARGAJAL

La politique, c'est la bouteille à l'encre: passe-moi
celle de Malvoisie!

GORBAS

Bref, de peur d'être compromis, les valets français du
défunt se sont empressés de déguerpir... Si bien que nous
sommes restés les maîtres de la maison... Maîtres, du
grenier à la cave!

GARGAJAL

La cave, bravo!... Je lui décerne ma personne... C'est
ma pharmacie ordinaire : celle où je me fournis de remè-
des destinés à me préserver de la pépie, — une maladie

que j'ai toujours redouté d'attraper depuis que j'ai quitté
le biberon de ma nourrice...

GORBAS, *riant*.

Vieille éponge !

GARGAJAL, *gravement*.

Gorbas, je vous défends de m'insulter. Or, c'est m'insulter gravement que de m'appeler *vieille éponge*. Une
éponge ne boit que de l'eau.

YANOZ, *à lui-même*.

Je comptais sur l'avenir comme sur un complice... Il
n'a pas trompé mon attente... Le baron mort, c'est Diamante libre... Diamante qui sera à moi si j'ose la reprendre...

GARGAJAL

Tu ne bois pas, fils de Pharam ?

YANOZ

Je n'ai pas soif.

GARGAJAL

Où serait la différence entre l'homme et la brute, si
l'homme ne buvait que quand il a soif ?

YANOZ, *à part*.

Il ne s'agit que d'oser... Et pour oser... (*Haut, avec
résolution.*) Verse !

GARGAJAL

A la bonne heure ! (*Il lui verse. Yanoz boit.*)

YANOZ

Encore ! (*Il boit de nouveau.*)

GORBAS

Par la panse de Gargajal ! on dirait que tu as envie de
noyer tes chagrins !

GARGAJAL, *buvant.*

Hélas! les miens savent nager!

YANOZ

Maintenant, silence!... Et écoutez-moi tous les deux...
Car je vais avoir besoin de vous. (*Tous trois rapprochent
leurs têtes, les coudes sur la table. Yanoz se met à leur
parler bas.*)


## SCÈNE II

LES MÊMES, DIAMANTE *dans le pavillon. Elle entre par
la porte du fond, une lampe à la main, qu'elle pose sur
le guéridon; puis, elle se laisse tomber sur les coussins
du lit de repos.*


DIAMANTE

J'ai aliéné ma vie pour sauver celle de Jacques...
Jacques a dû sortir sain et sauf de ce logis, où je demeure, moi, enchaînée par le serment qui va me lier
à ce prince... Ah! malheureuse! malheureuse!... Dans
la loyauté de son âme, dans la grandeur de son amour,
Jacques croira que j'ai trahi la foi jurée pour les hochets
du rang, des titres et les faveurs de la fortune... Et sa
fierté s'indignera, et son brave cœur se brisera, et il me
maudira, et il me méprisera, s'il ne me hait ou ne m'ou-
blie!... Oh! mon Dieu! mon Dieu! que je souffre! (*Elle
cache sa tête dans ses mains et demeure accablée.*)

YANOZ, *se levant.*

Vous m'avez entendu?

GORBAS, *montrant le perron.*

Veiller au bas de ces marches...

GARGAJAL

Et ne laisser personne pénétrer dans ce pavillon...

YANOZ, *en traversant la scène.*

Compagnons, nous allons reprendre notre existence indépendante d'autrefois... Nous allons retourner au pays du soleil... Et notre ancienne reine nous suivra ; elle nous commandera de nouveau ; car elle deviendra ma compagne. (*Il monte les degrés du perron et entre dans le pavillon.*)

## SCÈNE III

GORBAS *et* GARGAJAL *au dehors,* YANOZ *et* DIAMANTE *dans le pavillon. Les deux bohémiens vont se placer près du perron. Gargajal s'assied sur l'une des marches où il ne tarde pas à s'endormir.*

DIAMANTE, *levant la tête.*

Vous ?... Je veux être seule... Laissez-moi... (*Yanoz demeure immobile.*) Ne m'entendez-vous pas ?...

YANOZ

J'ai cessé d'obéir aux volontés des autres : c'est à eux à présent de se plier aux miennes.

DIAMANTE

Qu'est-ce à dire ?... Un pareil langage... Prenez garde que votre maître ne vous en fasse repentir...

YANOZ

Il n'y a plus de maître ici que moi.

DIAMANTE, *se levant.*

Comment ?

YANOZ

Christian de Sierk, — ou le baron de Fénestrange, — comme il vous plaira. — a été tué cette nuit.

DIAMANTE

Tué !

YANOZ

Vous vous étiez enfermée dans vos appartements ; j'ai défendu que l'on vous apprît la nouvelle : je me réservais de vous l'annoncer moi-même

DIAMANTE

Tué !... Et par qui, mon Dieu ?

YANOZ

Lorsque la fatalité frappe, peu importe quel bras elle emprunte. (*Il va successivement fermer la porte de gauche et celle du fond.*)

GORBAS, *au dehors.*

Il me semble entendre un bruit de rames. (*Il remonte.*) Mais oui : c'est une barque qui traverse la Seine. (*Revenant à Gargajal.*) Alerte, camarade ! (*Il le secoue*)

DIAMANTE, *qui a suivi des yeux Yanoz, avec stupeur.*

Que faites-vous ?... Que me voulez-vous ?

YANOZ, *marchant vers elle.*

Je ne te veux rien : Je te veux.

DIAMANTE

Misérable !

YANOZ

Oh ! assez d'insultants dédains !... Assez de hautaine aversion !... Tu n'es plus reine ni duchesse ! (*Il la saisit.*)

GORBAS, *qui pendant ce temps, a remonté de nouveau.*

Trois hommes ont débarqué là-bas... Ils viennent par ici... Aux couteaux !

DIAMANTE, *se débattant.*

A moi !... Au secours !... A l'aide !

## SCÈNE III

### Les mêmes, JACQUES, MIRASSOU, CAUDEBEC

JACQUES, *paraissant au fond.*

Ce cri... (*Il s'élance vers le pavillon.*)

GORBAS

Halte là !

GARGAJAL

Arrière !

JACQUES

Arrière vous-mêmes, bandits !

CAUDEBEC

Ne vous occupez pas de ces deux-là, messire Jacques.

MIRASSOU

Nous nous en chargeons, ventre d'hippopotame ! (*Ils se précipitent sur les deux bohémiens. Ils disparaissent tous les quatre en luttant : Caudebec et Gargajal dans les massifs de gauche ; Mirassou et Gorbas, au fond à droite, derrière le pavillon. Jacques a monté rapidement les marches du perron.*)

JACQUES, *secouant la porte.*

Fermée !

DIAMANTE, *qui s'est dégagée et qui s'est réfugiée derrière le guéridon.*

Grâce !... Pitié !... Laissez-moi !... J'ai été votre sœur, Yanoz !

YANOZ

Tu es trop belle !

10

DIAMANTE

Ah !... (*Elle souffle la lampe; Yanoz la poursuit dans l'obscurité.*)

JACQUES, *appuyant son épaule contre la porte.*

Mordieu ! j'entrerai par la brèche !

CAUDEBEC, *reparaissant à gauche.*

Ce gros brigand avait l'air terrible !... Ma foi, j'ai eu si peur que je l'ai étranglé !

MIRASSOU, *rentrant de droite.*

Comme moi, j'ai assommé le mien ! (*Yanoz vient d'atteindre Diamante près du lit de repos. En ce moment la porte est enfoncée. Callot paraît sur le seuil dans un rayon de lune.*)

DIAMANTE, *l'apercevant.*

Ah ! Jacques !... Sauve-moi !... Emmène-moi ! (*Elle se jette à son cou et l'entraîne. Tous deux descendent les degrés.*)

YANOZ, *dans le pavillon, un instant immobile.*

Lui !... Le Lorrain ! (*Il bondit sur le perron.*) Vivant !.. Allons donc !... Impossible ! (*Tirant son couteau*) Au reste, nous allons bien voir ! (*Il se rue, le couteau levé, sur le jeune homme. Diamante se jette devant celui-ci et reçoit le coup qui lui était destiné. Elle tombe dans les bras du Lorrain.*)

JACQUES, *avec un grand cri.*

Diamante !... Ma chère Diamante !

DIAMANTE

Je t'aime ! (*Elle expire.*)

JACQUES

Dieu puissant ! elle est morte !... Morte '... (*Terrible, à Yanoz.*) Oh ! je t'écraserai sur ton crime !

YANOZ, *farouche.*

Eh bien, après? C'était juré. J'avais dit : Si elle ne m'aime pas, je la tue! (*Caudebec et Mirassou font un mouvement pour le saisir.*) Est-ce que vous croyez que j'ai besoin de vous pour aller la rejoindre? (*Il se frappe et va s'abattre sur les marches du perron.*)


FIN


S'adresser pour la musique à M. CHAMOUX, chef d'orchestre, au théâtre.

# VARIANTE

Nous donnons ici un second dénouement qui pourra, au choix de MM. les directeurs, remplacer celui indiqué plus haut.

Après la réplique : « *Au reste nous allons bien voir !* » Francatrippa et Fritellino se jettent devant Yanoz.

FRANCATRIPPA, *saisissant le bohémien par un bras.*
Halte là ! mon maître, on n'assassine pas comme cela !

FRITELLINO, *lui prenant l'autre bras.*
Distinguons, mon cher, distinguons !...

YANOZ, *se débattant.*
Arrière, vous autres, ou c'est fait de vous !

FRANCATRIPPA, *lui arrachant son couteau.*
Dis plutôt que c'est fait de toi ! (*Il le frappe. Yanoz tombe à droite.*)

JACQUES
Qu'avez-vous fait, mes amis ?

FRANCATRIPPA
Nous vous avons faits libres et heureux. (*Tendant la main à Fritellino.*) Et je commence à croire que nous sommes des braves.


RIDEAU


ÉMILE COLIN — IMPRIMERIE DE LAGNY

# ROMANS DU MÊME AUTEUR

En vente chez tous les Libraires de France et de l'Étranger

## Volumes à 3 fr. 50


**Le Filleul d'Aramis** . . . . . . . . . . . 1 vol.

**Les Aventuriers de Paris** . . . . . . 1 vol.

**Mademoiselle de Monte-Cristo** . . . . . 1 vol.

**Les Espions de Paris** . . . . . . . . . . 1 vol.


ÉMILE COLIN — IMPRIMERIE DE LAGNY